서강 한국어

서강한국어 뉴시리즈
Student's Book 3A

☆ 이 책은 2004년에 출판한 서강한국어 3A를 수정 보완한 것입니다.
This book has been developed from Sogang Korean Student's Book 3A, first published in 2004.

저작권

ⓒ 2019 서강대학교 한국어교육원

이 책의 저작권은 서강대학교 한국어교육원에 있습니다. 서면에 의한 저자의 허락 없이 내용의 일부를 인용하거나 발췌하는 것을 금합니다.

Copyright ⓒ 2019

Korean Language Education Center, Sogang University. All rights reserved.
No part of this publication may be reproduced, stored in a retrieval system or transmitted in any form or by any means, electronic, mechanical, including photocopying, recording without the prior written permission of the copyright owner.

출판사

초판 발행	2008년 12월 10일
1판 13쇄	2019년 8월 7일
펴낸곳	서강대학교 국제문화교육원 출판부
펴낸이	박종구
등록번호	313-2006-00028
출판사 주소	서울시 마포구 백범로 35 (신수동)
Tel	(82-2) 705-8088~9
Fax	(82-2) 701-6692, 713-8963
e-mail	ckss@sogang.ac.kr
homepage	http://klec.sogang.ac.kr
	http://koreanimmersion.org

K.L.E.C

S.K.I.P

서강한국어 교사 사이트

http://koreanteachers.org

Sogang Korean Teachers

세트

ISBN	978-89-92491-39-6 18710	서강한국어 뉴시리즈 학생책 3A		
	978-89-92491-40-2 18710	서강한국어 뉴시리즈 학생책 3A	영어	문법·단어 참고서 (비매품)
	978-89-92491-58-7 18710	서강한국어 뉴시리즈 학생책 3A	일본어	문법·단어 참고서
	978-89-92491-56-3 18710	서강한국어 뉴시리즈 학생책 3A	중국어	문법·단어 참고서
	979-11-6163-010-6 13710	서강한국어 뉴시리즈 학생책 3A	베트남어	문법·단어 참고서
	978-89-92491-41-9 18710	서강한국어 뉴시리즈 학생책 3A CD (비매품)		
ISBN	978-89-92491-43-3 18710	서강한국어 뉴시리즈 워크북 3A		
	978-89-92491-44-0 18710	서강한국어 뉴시리즈 워크북 3A CD (비매품)		

판매·유통

판매·유통	(주)도서출판 하우
등록번호	제475호
주소	서울시 중랑구 망우로68길 48
Tel	(82-2) 922-7090, 922-9728
Fax	(82-2) 922-7092
homepage	http://hawoo.co.kr
e-mail	hawoo@hawoo.co.kr

시리즈 기획
김성희

연구개발진

서강한국어 3A (2004 초판)
김성희	서강대학교 한국어교육원 전 교학부장	서강대학교 불어학 박사 수료
김현정	서강대학교 한국어교육원 교학부장	이화여자대학교 불어학 박사
박선미	서강대학교 한국어교육원 교학차장	이화여자대학교 국어학 석사
황선희	서강대학교 한국어교육원 연구원	Phd. in Linguistics, Georgetown University

서강한국어 뉴시리즈 3A (2008 초판)
이효정	서강대학교 한국어교육원 연구원	상명대학교 국어학 박사
조재희	서강대학교 한국어교육원 연구원	이화여자대학교 한국학과 석사
민혜정	서강대학교 한국어교육원 연구원	고려대학교 한국어교육과 석사

영문 번역
주유경	영국 SOAS 연구원	영국 SOAS 한국어학 박사
Duane Henning	연세대학교 교양영어 전임강사	호주 Macquarie University 응용언어학 석사

영문 감수
허구생	서강대학교 국제문화교육원 전 원장	미국 University of Minnesota 역사학 박사
Yoo Isaiah WonHo	서강대학교 영미어문학 교수	미국 UCLA 응용언어학 박사

제작진
편집 디자인	디자인탱크
일러스트	김소연(디렉터), 장선미, 최익견, 민지영, 정선경
사진	스튜디오 루
표지디자인	디자인씨드
CD 녹음 편집	Playback

도와주신 분
사진 모델	서강대학교 한국어교육원 교수진, 가족, 친구, 학생
사진 의상 제공	김정아, 임현성, 김보경, 이정화
연구 개발 지원	오경숙, 최연재
영문 검토	Janathan Kief
행정	서강대학교 기획처 예산팀, 사무처 구매팀, 국제문화교육원 행정실 총무팀

일러두기
Culture - Context - Communication

서강한국어 프로그램

서강대학교 한국어교육원은 1990년에 개원하였으며, 1992년부터 의사소통 교수법을 한국어 수업에 적용하여 말하기 중심 한국어 교육과정을 개발하였습니다.

학습 내용이 학습자와 관련된 것이고 그 맥락 안에서 제시되기에 학습이 쉽고 재미있습니다. 학습자들은 첫날 첫 시간부터 한국어로 대화하고 한국어로 생각하면서 학습의 즐거움, 성취감을 경험합니다. 따라서 학습자들은 실제성 있는 내용을 체계적으로 배우면서 한국 사회에서 자유롭게 생활할 수 있는 실력을 단기간에 갖추게 됩니다. 언어와 문화를 함께 배우는 수업은 늘 흥미롭습니다.

Sogang Korean Language Program

Sogang Korean Language Education Center (henceforth Sogang KLEC) was founded in 1990 and has developed a Korean Language Education Curriculum that focuses on speaking by applying a communicative approach to classroom setting since 1992.

From the first day of class students at Sogang KLEC experience a sense of achievement by learning how to communicate and think in Korean. Materials are presented in context, and the topics covered are relevant to students' life. Through a practical curriculum, students can systematically develop communicative competence in a short period of time by engaging in real-life activities. They participate in classroom activities and help each other to meet their educational goals.

서강한국어 New 시리즈 교재

2004년에 서강한국어 3A 초판이 나온 후 많은 사랑을 받았습니다. 이번에 새롭게 출간되는 뉴시리즈는 그동안 서강한국어를 아껴 주신 여러분들의 조언을 받아들여 수정 보완한 개정판입니다.

새로 문법 교재를 추가하였고, 현재 사회 문화에 맞지 않는 내용을 교체하였습니다.
또한 학습 내용을 효과적으로 전달할 수 있도록 그림과 사진, 디자인을 최신화했습니다.
그 외에도 서강한국어 과정에서 사용하는 다양한 부교재, 평가지, 교수 전략을 여러 한국어 선생님들과 공유하기 위하여 교재 세트 및 시리즈 제작을 계속할 것이며 인터넷 네트워크를 구축할 계획도 갖고 있습니다.

Sogang Korean New Series Textbooks

The first version of Sogang Korean 3A series was printed in 2004. The new series has been revised based on suggestions made by professional Korean language teachers.

The new series textbooks have been enriched with new photos, illustrations and a new design to convey information more effectively. A new grammar portion has been added, and the contents have been updated to better fit the trends in today's Korean society and to emphasize cultural aspects.
KLEC will continue to publish components and series and plans to establish an internet network in order to share the teaching strategies and various materials with Korean language teachers all around the world.

서강한국어 교재 학생책

서강한국어 교재는 다년간의 연구개발을 거쳐 개발한 서강한국어 프로그램의 교수 내용과 방법을 반영한 교재입니다.
문법, 대화, 과제, 읽기, 듣기, 쓰기, 어휘, 발음, 억양, 문화 학습 자료를 수록하고 있습니다. 교재에 수업 구조를 반영하였기에 수업 단계 및 교수 학습 방법을 쉽게 이해할 수 있습니다.
단원 표지에 학습목표를 제시하여 학습목표를 명확히 알 수 있도록 했고, 단원 끝에 단원 정리를 제시하여 학생 스스로 학습 내용을 확인할 수 있도록 했습니다.

Sogang Korean Student's Book

The Sogang Korean Textbooks were written with a teaching philosophy that was developed over an extensive period of time in Sogang KLEC.
The textbooks are easy to comprehend and beneficial to teachers as well as learners because they reflect the class structure.
The textbooks include Grammar, Dialogue, Task, Reading, Listening, Writing, Vocabulary, Pronunciation, Intonation, and Culture.
The objectives of each unit are listed at the beginning and at the end to emphasize the goal of each unit.

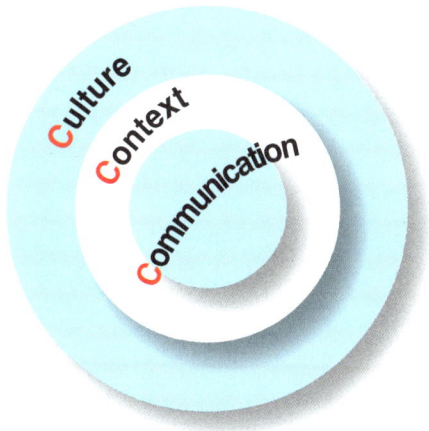

서강한국어 3A 대상과 학습 시간

서강한국어 3A는 서강한국어 1A부터 2B까지 300~400시간 정도의 수업을 마친 학생을 위한 교재입니다. 서강한국어 3A는 각 단원 6~8시간, 전체 75~100시간 정도의 수업이 가능하도록 구성하였습니다.

Learning hours for 3A

3A is for Korean language students who have learned <Sogang Korean 1A, 1B, 2A, and 2B> or 300-400 hours of Korean. Each lesson covers 6 to 8 hours of learning and total of 75-100 hours are covered in 3A.

3A 구성

학생책 교실 수업용 교재입니다. 전체 8과이고, 각 과는 '**단원 표지, 문법, 대화, 과제, 듣고 말하기, 읽고 말하기, 단원 정리**' 순서로 구성되어 있습니다.
문화, 어휘, 발음·억양, 쓰기 학습 자료도 수록하고 있습니다.

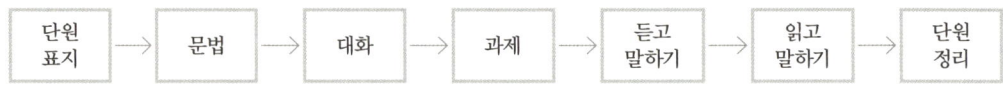

학생책 CD 말하기 대화, 듣기 대화, 발음·억양 연습, 정확히 듣기 연습, 읽기 본문 녹음 자료를 수록하고 있습니다.

문법 단어 참고서 학생이 수업을 예습하거나 복습할 때 참고하는 책입니다. 문법 설명, 새 단어·표현 번역과 인덱스를 담고 있습니다.

워크북 수업 내용을 집에서 복습할 때 이용하는 연습책입니다. 개인 학습 시간이 지루하지 않도록 매 단원 끝에 **한국 문화를 소개하는 자료**를 수록하였습니다.

워크북 CD 듣고 따라하기, 받아쓰기 연습용 녹음 자료를 담고 있습니다.

3A Components

Student's Book It is designed to be used in the classroom. 3A consists of 8 lessons. Each lesson includes **Introduction, Grammar, Dialogue, Task, Listening & Speaking, Reading & Speaking, and Summary of the Lesson.**

Student's Book CD **Speaking, Listening, Reading, Pronunciation** and **Intonation Exercises** have been recorded on the CD.

Grammar and Vocabulary Supplementary book
This booklet is helpful for students to preview and review lesson by themselves.
It includes **grammar explanations, new vocabulary** and **an index.**

Workbook Students use this book to review lesson at home.
There are **Culture Capsules** at the end of each unit.

Workbook CD Practice materials for **Listening & Repeating,** and **Dictation** can be found on the Workbook CD.

목차
Contents

일러두기		4
내용 구성표		8
단원 구성		10
교재 인물 소개		14
1과	소개	16
2과	학교 생활	32
3과	집	50
4과	초대와 방문	66
5과	외모와 성격	82
6과	문제	98
7과	일	116
8과	공공 생활	132
듣기 대본		150
모범 답안		156
CD 트랙 목차		163

학생책 3A 포함 세트

녹음 CD	문법·단어 참고서

내용 구성표

과	제목	말하기		
		문법 (Grammar)	대화 (Dialogue)	과제 (Task)
1	소개	p 18 -은 지 (시간) 됐다 -인데	p 20 모르는 사람과 인사하기 새로 온 사람 소개하기	p 22 직장 동료들에게 자기소개를 해 보세요
2	학교 생활	p 34 -으려면 -으면 되다 간접화법 축약	p 38 정보 묻고 대답하기 정보 전달하기	p 40 동아리를 알아보세요
3	집	p 52 -은/는 편이다 -긴 하다	p 54 집의 특징 설명하기 집의 문제점 설명하기	p 56 부동산에 가서 집을 알아보세요
4	초대와 방문	p 68 -을 테니까 ① -으면서	p 70 초대하고 일 분담하기 방문하기	p 72 한국 사람 집을 방문해 보세요
5	외모와 성격	p 84 -다 -아/어 보니까	p 86 외모 묘사하기 성격 묘사하기	p 89 좋아하는 사람에 대해서 설명해 보세요
6	문제	p 100 -기 때문에 -았/었으면 좋겠다 -던데요	p 104 문제 설명하기 도움 요청하기	p 106 문제 해결 방법을 찾아보세요
7	일	p 118 -다면서요? -을 텐데 걱정이다	p 120 걱정 표현하기 구직 정보 구하기	p 122 아르바이트를 구해 보세요
8	공공 생활	p 134 -은/는데 ② -을	p 136 우체국 이용하기 은행 이용하기 출입국 관리 사무소 이용하기	p 140 공공장소에 가서 자연스럽게 대화해 보세요

듣고 말하기 (Listening & Speaking)	읽고 말하기 (Reading & Speaking)	단어 · 표현 정리	발음
p 24 그 친구는 어떤 사람이에요?	p 27 저하고 같은 회사에서 일하는 사람이에요	p 31 많이 도와 주세요. 모르는 것이 많습니다. 반갑습니다.	p 31 음료수 동료 종로
p 42 도서관은 열 시에 문을 닫는데 몰랐어?	p 45 한국에 오기 전에 어떻게 준비했습니까?	p 49 강의실 멀티미디어실 보건실 컴퓨터실	p 49 끝이 같이 닫히다
p 58 어떻게 원룸을 찾아야 되지?	p 61 여러분에게 잘 맞는 집을 찾으시기 바랍니다	p 65 아파트 기숙사 원룸 주택	p 65 특히 좋긴 해요 익숙해졌어요
p 74 설날에 한국 친구 집에 갔다 왔어요	p 77 초대를 받았습니다	p 81 결혼식장 박수를 치다 부케를 던지다 장례식	p 81 연휴 결혼식 진하게
p 90 외모보다 성격이 중요해	p 93 가은이는 정말 입이 무거워	p 97 첫인상 단발머리 생머리 사교적이다	p 97 성격 활동적이다 솔직하다
p 108 무엇이 불편하십니까?	p 111 A/S센터가 없어서 불편해요	p 115 연결이 잘못되어 있다 종이가 걸리다 컴퓨터가 안 켜지다 토너가 떨어지다	p 115 신라 곤란하다 관람하다
p 124 방학 동안 인턴사원으로 일했어	p 127 10년 후 뜨는 직업	p 131 업무 교육 마케팅 담당하다	p 131 밝다 밝을 것으로 닭고기 읽다
p 142 안내 말씀 드리겠습니다	p 145 통행에 불편을 드려서 죄송합니다	p 149 보통 우편 빠른 우편 번호표를 뽑다 재발급하다	p 149 전동차 승강장 춤을 추는 산책로

단원 구성

〈단원 표지〉

〈표지 그림〉
단원 내용을 이미지로 보여 줍니다.

〈학습 목표〉
단원 학습 목표와 내용을 알려줍니다.

문법

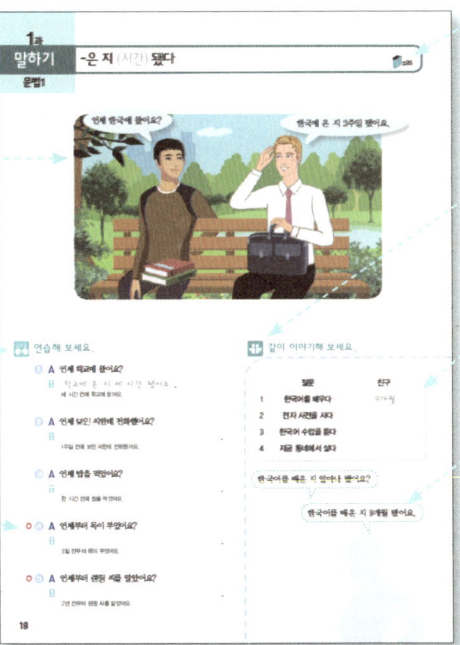

문법이 설명되어 있는 문법·단어 참고서의 페이지를 보여 줍니다.

〈문법 제시〉
그림으로 맥락을,
대화로 문법의 의미와 사용 방법을 보여 줍니다.

〈문법 활동〉
문법을 사용해서 자유롭게 말하는 연습을 합니다.

〈활동 자료〉

〈활동 예시 대화〉

〈문법 연습〉
문법 형태를 익히는 연습입니다.

〈✪ 표시〉
틀리기 쉬운 것입니다.
한 번 더 생각하도록
표시해 줍니다.

대화

대화 도입 질문
대화 장면으로 유도하면서 대화 맥락을 형성시켜 주는 질문입니다.

대화 그림
주인공들이 언제, 어디에서, 어떤 느낌으로 대화하는지를 보여 줍니다. 또한 장소, 관계에 적합한 화법, 문화 학습을 도와줍니다.

대화문
대화 장면에서 쓸 수 있는 예시 대화입니다. 예시 대화는 목표 문법을 대화 안에서 어떻게 사용할 수 있는지 보여 줍니다.

〈CD 트랙 번호〉
대화문 녹음이 들어 있는 CD 트랙을 알려줍니다.

〈고유 명사〉
이름, 지역 명 등은 다른 서체로 표시하였습니다.

대화 cue
대화 연습을 도와줍니다. 유사하게 대화를 만들거나 대화를 확장할 때 사용합니다.

활용
적합한 단어와 문법을 사용해서 기능에 맞는 대화를 만들어 봅니다.

수업 방법
과제 수업 구조와 각 단계 내용을 알려 줍니다.

〈예시 대화〉

듣고 말하기

듣기 전
듣기 준비 단계입니다. 주제에 관심을 갖고 듣기 이해에 필요한 배경 지식과 주요 어휘를 준비합니다.

듣기 초점
CD를 듣고 무엇을 이해해야 하는지 미리 알려줍니다. 목적을 갖고 들으므로 듣기가 쉬워집니다.

가. 에서는 듣기 내용을 잘 이해했는지 확인하는 작업을 합니다.

나. 에서는 이해한 내용을 말해 보는 연습을 합니다.

정확히 듣기
중요한 내용이나 어휘 및 표현 학습을 위해 정확히 듣기를 합니다.

발음·억양
발음, 억양, 자연스럽게 끊어 말하기 연습을 합니다.

이야기 재구성
듣기 내용을 정리하여 전체 내용을 조리 있게 말하는 연습을 합니다.

활용
듣기 내용을 활용하여 생각이나 경험 나누기, 역할극, 게임, 창작 등 다양한 활동을 합니다.

쓰기
듣기 내용 또는 활용 단계를 이용한 글쓰기입니다. 쓰기 수업 자료로 이용하면 좋습니다.

읽고 말하기

읽기 전
읽기 준비 단계입니다.
주제에 관심을 갖고, 본문 이해에 필요한 배경 지식과 주요 어휘를 준비합니다.

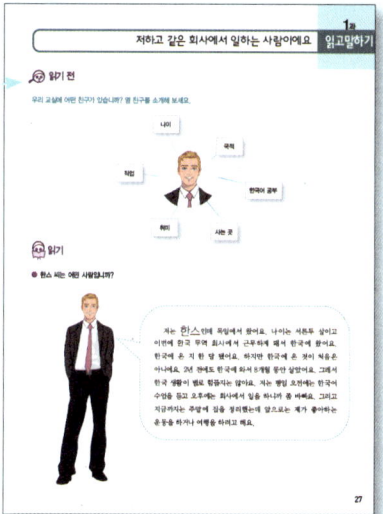

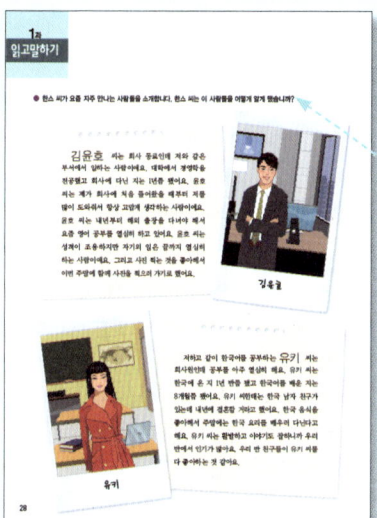

읽기 초점
본문에서 무엇을 이해해야 하는지 미리 제시합니다.
목적을 갖고 읽으므로 읽기가 쉬워집니다.

가. 에서는 읽기 내용을 잘 이해했는지 확인하는 작업을 합니다.
나. 에서는 이해한 내용을 말해 보는 연습을 합니다.

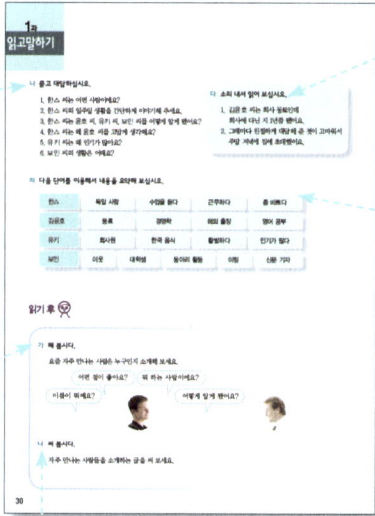

낭독하기
정확한 발음으로 읽기, 자연스럽게 끊어 읽기, 적당한 속도로 낭독하기 연습을 합니다.

이야기 재구성
주어진 단어를 이용해서 읽은 내용을 조리 있게 말하는 연습을 합니다.

활용
본문 내용과 관련된 활동입니다.
생각이나 경험 나누기, 역할극, 게임, 창작 등 다양한 활동을 합니다.

쓰기
본문 내용 또는 활동 단계를 이용한 글쓰기입니다.
쓰기 수업 자료로 이용하면 좋습니다.

단원 정리

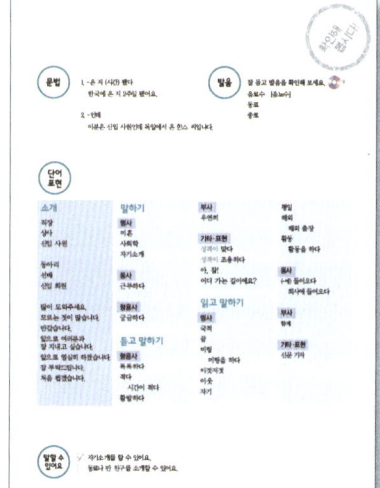

학습 확인
이번 단원에서 학습한 내용을 확인합니다.
단어·표현의 의미는 별책 〈문법·단어 참고서〉에 실려 있습니다.

1 소개

학습 목표

말하기
- 문법 p18 -은 지 (시간) 됐다
  -인데
- 대화 p20 모르는 사람과 인사하기
  새로 온 사람 소개하기
- 과제 p22 직장 동료들에게 자기소개를 해 보세요

듣고 말하기
p24 그 친구는 어떤 사람이에요?

읽고 말하기
p27 저하고 같은 회사에서 일하는 사람이에요

1과 말하기
문법1 -은 지 (시간) 됐다

  p6

언제 한국에 왔어요?

한국에 온 지 2주일 됐어요.

쯤 = about

연습해 보세요.

1. A 언제 학교에 왔어요?
   B <ins>학교에 온 지 세 시간 됐어요</ins>.
      세 시간 전에 학교에 왔어요.

2. A 언제 보민 씨한테 전화했어요?
   B <ins>보민 씨한테 전화한 지 1주일 됐어요</ins>.
      1주일 전에 보민 씨한테 전화했어요.

3. A 언제 밥을 먹었어요?
   B <ins>밥을 먹은지 한 시간 됐어요</ins>.
      한 시간 전에 밥을 먹었어요.

 4. A 언제부터 목이 부었어요? → 붓다: to get swollen
   B <ins>목이 부은지 3일 됐어요</ins>.
      3일 전부터 목이 부었어요.

5. A 언제부터 렌핑 씨를 알았어요?
   B <ins>렌핑 씨를 안 지 2년 됐어요</ins>.
      2년 전부터 렌핑 씨를 알았어요.

같이 이야기해 보세요.

	질문	친구
1	한국어를 배우다	9개월
2	전자 사전을 사다	
3	한국어 수업을 듣다	
4	지금 동네에서 살다	

한국어를 배운 지 얼마나 됐어요?

한국어를 배운 지 9개월 됐어요.

1과 말하기

문법2 -인데

묻고 대답해 보세요.

김치/매운 음식

에펠탑/프랑스

한복/한국 전통 옷

만리장성/중국

 세 사람이 모여서 옆 친구를 소개해 보세요.

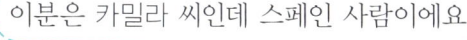

1과 말하기

모르는 사람과 인사하기

대화1 비행기에서 옆 사람과 이야기하고 싶을 때 어떻게 말을 시작합니까?

저……, 한국 분이세요?

한스 저……, 한국 분이세요?
진호 네.
한스 독일 여행 다녀오세요?
진호 아니요, 출장 갔다 와요. 독일 분이세요?
한스 네, 베를린이 제 고향이에요.
진호 아, 네. 그런데 한국어 참 잘하세요.
한스 아니에요. 학교에서 배우고 있는데 아직 잘 못해요.
진호 학교에서 배운 지 얼마나 되셨어요?
한스 6개월쯤 됐어요.

다음을 이용해서 대화를 만들어 보세요

- 학교에서 배우다
- 학원에 다니다
- 개인 수업을 받다
- 책으로 혼자 공부하다
- 한국어 수업을 듣다

활용해 보세요
비행기에서 옆 사람과 인사하고 이야기하는 역할극을 해 보세요.

- 한국어를 공부한 지 얼마나 됐어요?
- 처음에 어떻게 공부하셨어요?

1과 말하기
대화2
새로 온 사람 소개하기

 3

사장님이 신입 사원을 직원들한테 소개할 때 어떻게 말합니까?

"이분은 신입 사원인데 독일에서 온 한스 씨입니다."

사장: 김윤호 씨, 이분은 신입 사원인데, 독일에서 온 한스 씨입니다. *(new employee)*
한스: 처음 뵙겠습니다. 한스입니다.
김윤호: 반갑습니다. 김윤호라고 합니다.
사장: 김윤호 씨, 앞으로 한스 씨 좀 많이 도와주십시오.
김윤호: 네, 알겠습니다. 한스 씨, 궁금한 것이 있으면 뭐든지 물어보십시오.
한스: 감사합니다. 제가 모르는 것이 많습니다. 잘 부탁드립니다. *(I would be greatful for your help)*

- 회사에서 신입 사원 한스 씨를 소개합니다.
  - 모르는 것이 많습니다. 잘 부탁드립니다.
- 학교에서 새 학생 한스 씨를 소개합니다.
  - 한국어를 아직 잘 못합니다. 많이 도와주세요.
- 테니스 동아리에서 신입 회원 한스 씨를 소개합니다.
  - 앞으로 열심히 하겠습니다.

활용해 보세요

세 사람이 모여서 한 사람을 다른 사람에게 소개해 주세요. 소개를 받은 다음에 서로 인사하세요.

선배 / 친구 / 상사 / 동료

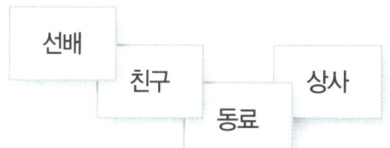

"이분은 제 선배인데, 경영학을 전공한 김윤호 씨예요."

1과

과제 | 직장 동료들에게 자기소개를 해 보세요

준비

1. 새로운 직장에서 동료들을 만났습니다. 직장 동료들에게 자기를 소개해야 합니다. 자기소개를 준비하세요.
2. 동료들에게 물어볼 질문을 생각해 보세요.

활동

1. 3~4(서너) 명씩 그룹을 만드세요.
2. 한 명이 먼저 인사와 자기소개를 하세요. 다른 사람들은 잘 듣고 준비한 질문을 물어보세요.

정리

동료 한 명을 소개해 보세요.

> 한국에 온 지 얼마나 되셨어요?

> 지금 어디에 사세요?

> 어느 나라에서 오셨어요?

1과 과제

실제 생활에서는 이렇게 말할 수 있어요

A 안녕하세요? 독일에서 온 한스입니다.
  2년 동안 한국 회사에 근무하러 왔습니다.
  앞으로 여러분과 잘 지내고 싶습니다.
  많이 도와주세요.

B 한국에 온 지 얼마나 되셨어요?

A 전에 한국에서 8개월 동안 산 적이 있습니다.
  이번에 한국에 온 지 2주일 됐습니다.

C 대학교에서 뭐 전공하셨어요?

A 사회학을 공부했습니다.

D 저……, 실례지만 나이가 어떻게 되세요?

A 서른 두 살입니다.

B 결혼하셨어요?

A 아니요,
  아직 미혼인데 좋은 사람 있으면 소개해 주세요.

1과 듣고말하기: 그 친구는 어떤 사람이에요?

듣기 전

여러분은 한국어를 어떻게 공부합니까?

1과 듣고말하기

🎧 듣기 💿 5

● 버스에서 미나 씨와 한스 씨가 우연히 만나서 미나 씨의 일본어 공부에 대해서 이야기합니다.
미나 씨는 일본어를 어떻게 배웁니까?

● 미나 씨에게 무슨 문제가 있습니까? 그래서 한스 씨는 어떻게 해 보라고 했습니까?

가 맞는 것에 ✓ 하십시오.

"유키 씨는 어떤 사람입니까?"

이름	유키	
직업	✓ 회사원	☐ 선생님
성격	✓ 활발하다	☐ 조용하다
한국에서 산 기간	☐ 1년	✓ 1년 반
한국어를 배운 기간	☐ 10개월	✓ 1년

나 묻고 대답하십시오.

1. 미나 씨가 일본어를 배우는 이유가 뭐예요?
2. 미나 씨는 왜 아직 일본어를 잘 못해요?
3. 한스 씨는 미나 씨에게 어떻게 해 보라고 했어요?
4. 유키 씨는 어떤 분이에요?
5. 유키 씨는 미나 씨하고 성격이 어떻게 달라요?
6. 미나 씨는 유키 씨를 어떻게 만날까요?

1과 듣고말하기

다 잘 듣고 빈칸을 채우십시오.

미나 : 그분 성격은 어때요? 제가 조용하니까
1. _활발한_ 분을 만나고 싶어요.
한스 : 유키 씨는 2. _활발하고_ 이야기도 잘해요.
두 사람이 잘 3. _맞을 거예요_.
미나 : 한국어 배운 지 얼마나 4. _됐는데요_ ?
한스 : 그분은 5. _작년_ 10월부터 시작했으니까
한 1년쯤 됐어요.

라 잘 듣고 따라하십시오.
1. 지금 어디 가는 길이에요?
2. 제가 일본어를 잘 못해도 괜찮을까요?

마 다음 요약문을 완성하십시오.

미나 씨는 _일본어 학원에 가_ 는 길에 한스 씨를 만났어요. 미나 씨는 _연습할 시간이 적어_ 서 아직 일본어를 잘 못한다고 했어요. 한스 씨는 미나 씨한테 _일본어 사람이랑 말하_ 고 했어요. 그 친구는 유키 씨인데 오전에 한국어를 배우고 있다고 했어요. 미나 씨는 자기 성격이 조용하니까 _활발한 분을 만나_ 고 했어요. 한스 씨는 유키 씨 성격이 활발하니까 두 사람이 _잘 맞을 거라_ 고 했어요. _싶다_

듣기 후

가 해 봅시다.

어떤 사람과 한국어를 연습하고 싶은지 이야기해 보세요.
"어떤 사람을 만나고 싶으세요?"

☑ 여자	☐ 남자		
☐ 회사원	☐ 선생님	☑ 대학생	☐ 주부
☑ 활발해요	☐ 조용해요	☐ 재미있어요	☐ 멋있어요
☑ 똑똑해요	☐ _____ (여러분이 쓰세요.)		

나 써 봅시다.

언어 교환 친구를 찾는 광고를 써 보세요.

1과 읽고말하기

저하고 같은 회사에서 일하는 사람이에요

읽기 전

우리 교실에 어떤 친구가 있습니까? 옆 친구를 소개해 보세요.

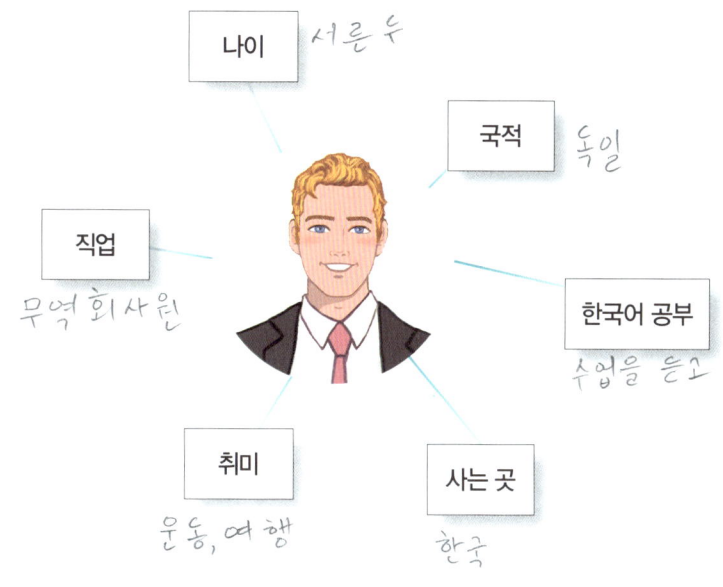

- 나이: 서른두
- 국적: 독일
- 직업: 무역회사원
- 한국어 공부: 수업을 듣고
- 취미: 운동, 여행
- 사는 곳: 한국

읽기

● 한스 씨는 어떤 사람입니까?

저는 **한스**인데 독일에서 왔어요. 나이는 서른두(32) 살이고 이번에 한국 무역(trading) 회사에서 근무하게 돼서 한국에 왔어요. 한국에 온 지 한 달 됐어요. 하지만 한국에 온 것이 처음은 아니에요. 2년 전에도 한국에 와서 8개월 동안 살았어요. 그래서 한국 생활이 별로 힘들지는 않아요. 저는 평일 오전에는 한국어 수업을 듣고 오후에는 회사에서 일을 하니까 좀 바빠요. 그리고 지금까지는 주말에 집을 정리했는데 앞으로는 제가 좋아하는 운동을 하거나 여행을 하려고 해요.

1과 읽고말하기

● 한스 씨가 요즘 자주 만나는 사람들을 소개합니다. 한스 씨는 이 사람들을 어떻게 알게 됐습니까?

김윤호 씨는 회사 동료인데 저와 같은 부서에서(department) 일하는 사람이에요. 대학에서 경영학을(business/management) 전공했고 회사에 다닌 지는 1년쯤 됐어요. 윤호 씨는 제가 회사에 처음 들어왔을 때부터 저를 많이 도와줘서 항상 고맙게 생각하는 사람이에요. 윤호 씨는 내년부터 해외 출장을 다녀야 해서 요즘 영어 공부를 열심히 하고 있어요. 윤호 씨는 성격이 조용하지만 자기의 일은 끝까지 열심히 하는 사람이에요. 그리고 사진 찍는 것을 좋아해서 이번 주말에 함께 사진을 찍으러 가기로 했어요.

김윤호

유키

저하고 같이 한국어를 공부하는 유키 씨는 회사원인데 공부를 아주 열심히 해요. 유키 씨는 한국에 온 지 1년 반쯤 됐고 한국어를 배운 지는 1년쯤 됐어요. 유키 씨한테는 한국 남자 친구가 있는데 내년에 결혼할 거라고 했어요. 한국 음식을 좋아해서 주말에는 한국 요리를 배우러 다닌다고 해요. 유키 씨는 활발하고 이야기도 잘하니까 우리 반에서 인기가 많아요. 우리 반 친구들이 유키 씨를 다 좋아하는 것 같아요.

1과 읽고 말하기

보민

보민 씨는 같은 아파트에 사는 이웃(neighbor)인데 대학교 1학년 학생이에요. 제가 한 달 전에 이사 왔을 때 아파트 생활을 잘 몰라서 옆집에 사는 보민 씨한테 자주 물어봤어요. 그때마다 친절하게 대답해 준 것이 고마워서 주말 저녁에 집에 초대했어요. 그때 이것저것 이야기하다가 친해졌어요. 보민 씨는 동아리 활동을 열심히 하고 미팅도 자주 한다고 했어요. 그래서 거의 매일 친구들하고 늦게까지 노는 것 같아요. 신문 기자가 되는 것이 꿈이라고 했어요.

 8

가 읽고 간단하게 메모하십시오.

한스

1. 회사원/한국어를 배우는 학생
2. 서른두 살
3. 운동을 좋아해요.

김윤호

1.
2.
3.

유키

1.
2.
3.

보민

1.
2.
3.

1과 읽고 말하기

나 묻고 대답하십시오.

1. 한스 씨는 어떤 사람이에요?
2. 한스 씨의 일주일 생활을 간단하게 이야기해 주세요.
3. 한스 씨는 윤호 씨, 유키 씨, 보민 씨를 어떻게 알게 됐어요?
4. 한스 씨는 왜 윤호 씨를 고맙게 생각해요?
5. 유키 씨는 왜 인기가 많아요?
6. 보민 씨의 생활은 어때요?

다 소리 내서 읽어 보십시오.

1. 김윤호 씨는 회사 동료인데 회사에 다닌 지 1년쯤 됐어요.
2. 그때마다 친절하게 대답해 준 것이 고마워서 주말 저녁에 집에 초대했어요.

라 다음 단어를 이용해서 내용을 요약해 보십시오.

한스	독일 사람	수업을 듣다	근무하다	좀 바쁘다
김윤호	동료	경영학	해외 출장	영어 공부
유키	회사원	한국 음식	활발하다	인기가 많다
보민	이웃	대학생	동아리 활동	미팅	신문 기자

유키 씨는 회사원인데 주말에 한국 음식을 요리 배우고 있어요. 유키 씨 활발해서 한국어 수업에서 인기가 많아요.

김윤호씨가 한스씨 동료인데 대학교에 경영학에 전공했고 내년에 해외 출장을 많아서 지금은 영어 열심히 공부하고 있어요.

읽기 후

가 해 봅시다.

요즘 자주 만나는 사람은 누구인지 소개해 보세요.

- 어떤 점이 좋아요?
- 뭐 하는 사람이에요?
- 이름이 뭐예요?
- 어떻게 알게 됐어요?

나 써 봅시다.

자주 만나는 사람들을 소개하는 글을 써 보세요.

문법

1. -은 지 (시간) 됐다
   한국에 온 지 2주일 됐어요.

2. -인데
   이분은 신입 사원인데 독일에서 온 한스 씨입니다.

발음

잘 듣고 발음을 확인해 보세요. 9

음료수 [음뇨수]
동료
종로

단어 표현

소개

직장
상사
신입 사원

동아리
선배
신입 회원

많이 도와주세요.
모르는 것이 많습니다.
반갑습니다.
앞으로 여러분과
잘 지내고 싶습니다.
앞으로 열심히 하겠습니다.
잘 부탁드립니다.
처음 뵙겠습니다.

말하기

명사
미혼
사회학
자기소개

동사
근무하다

형용사
궁금하다

듣고 말하기

형용사
똑똑하다
적다
　시간이 적다
활발하다

부사
우연히

기타·표현
성격이 맞다
성격이 조용하다
아, 참!
어디 가는 길이에요?

읽고 말하기

명사
국적
꿈
미팅
　미팅을 하다
이것저것
이웃
자기

평일
해외
　해외 출장
활동
　활동을 하다

동사
(-에) 들어오다
　회사에 들어오다

부사
함께

기타·표현
신문 기자

말할 수 있어요

☑ 자기소개를 할 수 있어요.
☐ 동료나 반 친구를 소개할 수 있어요.

2 학교 생활

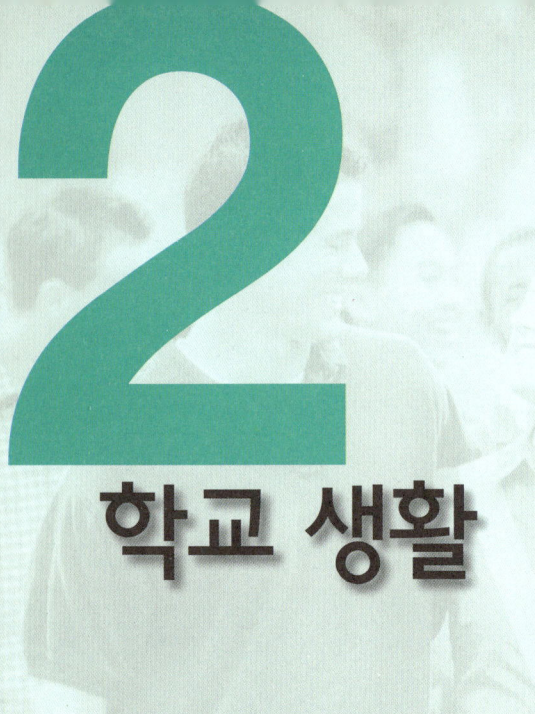

학습 목표

말하기	문법 p34	-으려면 -으면 되다 간접화법 축약
	대화 p38	정보 묻고 대답하기 정보 전달하기
	과제 p40	동아리를 알아보세요
듣고 말하기	p42	도서관은 열 시에 문을 닫는데 몰랐어?
읽고 말하기	p45	한국에 오기 전에 어떻게 준비했습니까?

2과 말하기 문법1

-으려면

(V) + (으)려면

연습해 보세요.

① A 한국에서 대학교에 들어가려고 해요. 어떻게 해야 해요?
   B _한국에서 대학교에 들어가려면_ 읽기, 쓰기를 많이 연습하세요.

② A 돈을 모으려고 해요. 어떻게 해야 해요?
   B _돈을 모으려면_ 열심히 일해야 해요.

③ A 유명한 영화배우를 만나려고 해요. 어디로 가야 돼요?
   B _영화 배우를 만나려면_ 방송국으로 가 보세요.

④ A 손을 씻으려고 해요. 어디로 가야 돼요?
   B _손을 씻으려면_ 복도 끝에 있는 화장실로 가세요.

⑤ A 불고기를 만들려고 해요. 뭐가 필요해요?
   B _불고기를 만들려면_ 고기와 야채가 필요해요.

같이 이야기해 보세요.

	-으려면	친구의 대답
1	아침에 일찍 일어나다	밤에 일찍 주무세요
2	한국 친구를 사귀다	한국 식당에 가서 사람들이랑
3	약속을 잊어버리지 않다	약속을 쓰세요 말하세요
4	재미있게 살다	
5		연습 많이 하세요

일찍 일어나려면 어떻게 해야 돼요?

밤에 일찍 주무세요.

2과 말하기 문법2

-으면 되다

연습해 보세요.

① A 학생증을 만들려면 어떻게 해야 돼요?
B 신청서를 쓰면 돼요 .
   신청서를 쓰다

② A 감기에 걸렸을 때 빨리 나으려면 어떻게 해야 돼요?
B 약 먹고 푹 쉬면 돼요 .
   약 먹고 푹 쉬다

③ A 전화번호를 모를 때는 어떻게 해야 돼요?
B 114에 전화하면 돼요 .
   114에 전화하다

④ A 도서관을 이용하려면 어떻게 해야 돼요?
B 학생증만 있으면 돼요 .
   학생증만 있다

⑤ A 요즘 유행하는 노래를 배우려면 어떻게 해야 돼요?
B 라디오를 들으면 돼요 .
   라디오를 자주 듣다

같이 이야기해 보세요.

주말에 인기 있는 영화를 보려면 어떻게 해야 돼요?

한국 친구를 사귀려면 어떻게 해야 돼요?

감기에 걸렸을 때 빨리 나으려면 어떻게 해야 돼요?

주말에 인기 있는 영화를 보려면 어떻게 해야 돼요?

인터넷으로 예매하면 돼요.

2과 말하기
문법3 간접화법 축약

 p10

statement: 다고/라고 하다
question: 냐고 하다

바꿔 말해 보세요.

① '-대요/래요/재요/내요'를 이용하세요.

 유키  한스    모니카  한스

유키 씨가 뭐래요?

① 요즘 날씨가 좋아요.	① 유키 씨가 요즘 날씨가 좋대요.
② 내일 아침 아홉 시까지 오세요.	② 유키씨가 내일 아침 아홉 시까지 오래요.
③ 토요일에 약속이 있어요?	③ 유키씨가 토요일에 약속이 있냬요.
④ 매일 두 시간씩 한국어를 공부해요.	④ 유키씨가 매일 두 시간씩 한국어를 공부한대요.
⑤ 오늘 점심에 같이 식사합시다.	⑤ 유키씨가 오늘 점심에 같이 식사하재요.
⑥ 다음 주 수요일이 제 생일이에요.	⑥ 유키씨가 다음 주 수요일이 ~~제~~ 자기 생일이래요.
⑦ 수업 후에 같이 운동할까요?	⑦ 유키씨가 수업 후에 같이 운동하재요.
⑧ 같이 여행 가는 게 어때요?	⑧ 유키씨가 같이 여행 가는 게 어떻내요 (가재요)
⑨ 제가 전화할게요.	⑨ 유키씨가 ^자기가 전화할거래요

2과 말하기
문법3

바꿔 말해 보세요.

② '-주래요/달래요'를 이용하세요.

 유키    한스

 모니카    한스

유키 씨가 뭐래요?

① 가은 씨가 요즘 바빠요.
가은 씨를 좀 도와주세요.

② 내일이 가은 씨 생일이에요.
가은 씨를 축하해 주세요.

③ 가방이 무거우니까 좀 들어 주세요.

④ 추우니까 창문 좀 닫아 주세요.

① 가은 씨가 요즘 바쁘대요.
가은 씨를 좀 도와주래요.

② 내일이 가은 씨 생일이래요.
가은 씨를 축하해 주래요.

③ 가방이 무거우니까 좀 들어 달래요.

④ 추우니까 창문 좀 닫아 달래요.

달래요 → direct request

같이 이야기해 보세요.

케이우브 사랑해요 ♡

사랑의 메신저 : 친구의 이야기를 다른 친구에게 전해 주세요.
사랑의 메신저는 A의 이야기를 B에게 전달하고, B의 대답을 A에게 말해 주세요.

B 씨, 오늘 시간 있으면 차 한 잔 해요.

B 씨, 오늘 오후에 뭐 해요?

B 씨, 큰 소리로 얘기하지 마세요.

B 씨, 너무 멋있어요.

B 씨, 오늘 시간 있으면 차 한 잔 해요.

A 씨가 오늘 시간 있으면 차 한 잔 하재요.

 A    사랑의 메신저    B

2과 말하기: 정보 묻고 대답하기

대화1 친구에게 학교 시설 이용에 대해서 물어볼 때 어떻게 말합니까?

> 출력하려면 어디로 가야 돼?

(보건실 / 컴퓨터실)

보민: 소영아, 안녕? 어디 가?
소영: 보고서 출력하러 가는 길이야.
보민: 그래? 출력하려면 어디로 가야 돼?
소영: 컴퓨터실로 가면 돼.
보민: 컴퓨터실이 어디에 있어?
소영: 컴퓨터실은 복도 오른쪽 끝에 있어. 시간 있으면 같이 갈까?

다음을 이용해서 대화를 만들어 보세요

- 보고서를 출력하다 — 컴퓨터실 — 복도 오른쪽 끝
- DVD를 보다 — 멀티미디어실 — 복도 왼쪽 끝
- 심심해서 탁구 치다 — 탁구장 — 체육관 지하
- 배가 아파서 약을 받다 — 보건실 — 엘리베이터 맞은편
- 피곤해서 쉬다 — 휴게실 — 화장실 앞

활용해 보세요 학교 시설이 어디에 있는지 알아보세요.

우체국 　 은행 　 식당 　 PC실

2과 말하기
정보 전달하기
대화2

들은 이야기를 전해 줄 때 어떻게 말합니까?

이번 주 토요일에 우리 동아리에서 등산을 간대.

보민: 소영아, 그 얘기 들었어?
소영: 얘기? 무슨 얘기?
보민: 이번 주 토요일에 우리 동아리에서 등산을 간대.
소영: 어, 정말?
보민: 너도 갈 거지?
소영: 그럼, 가야지. 어디서 모인대?
보민: 정문 앞에서 아홉 시에 모인대.
소영: 알았어. 알려 줘서 고마워.

모임 안내지를 받고 그 모임에 대해서 다른 친구에게 전해 주세요.

이번 주 토요일에 동아리에서 등산을 갑니다.

다음 주 금요일에 과에서 엠티를 갑니다.

다다음 주 일요일에 과에서 놀러 갑니다.

한국어 교육원 소풍

장소 : 수목원

날짜 : 다음 주 금요일 9:00~15:00

모이는 장소 : 학교 정문 앞

2과 과제: 동아리를 알아보세요

준비

1. 학교 동아리가 소개된 카드를 받으세요.
2. 옆 사람한테 동아리를 소개한 다음에 그 동아리 소개 카드를 주세요.

태권도 동아리 "태권V"

우리 함께 태권도를 배웁시다.

▶ 대상 : 태권도를 사랑하는 사람 모두
▶ 연습 시간 : 매주 화, 목요일
　　　　　　　네 시부터 여섯 시까지
▶ 장소 : C관 101호
▶ 연락처 : 010-123-4567

www.sogang.ac.kr/TaekwonV

국악 동아리 "우리 소리" 신입 회원 모집

한국의 멋진 음악을 연주합시다.

▶ 대상 : 전통 악기를 연주할 줄 아는 사람
▶ 모이는 시간 : 매주 금요일 일곱 시부터
▶ 장소 : C관 102호
▶ 연락처 : 010-987-6543

한 학기에 한 번씩 공연을 합니다.
여러분을 무대의 주인공으로 초대합니다.

활동

친구한테서 소개 받은 동아리에 대해서 다른 친구와 이야기해 보세요.
이때 간접화법을 사용하세요.

정리

어떤 동아리가 제일 재미있을 것 같은지 이야기해 보세요.

2과 과제

실제 생활에서는 이렇게 말할 수 있어요 🎧 12

A 소영아, 어디 가?
B 어, 동아리 알아보러 가는 길이야.
A 무슨 동아리?
B 태권도 동아리인데 한번 배워 보고 싶어서······.
A 그래? 재미있겠다. 보통 언제 모인대?
B 매주 화, 목요일 네 시에 모인대.
A 누구든지 가입할 수 있는 거야?
B 응, 태권도를 못 해도 괜찮대.
A 동아리에 가입하려면 어떻게 해야 돼?
B 홈페이지에 가서 인터넷으로 신청하면 돼.

2과 듣고 말하기: 도서관은 열 시에 문을 닫는데 몰랐어?

듣기 전

다음은 어느 곳의 규칙입니까?

2과 듣고말하기

 듣기 🔘 13

● 보민 씨와 소영 씨가 아침 일찍 강의실에서 만났습니다.
   보민 씨는 어제 도서관에서 어떤 일이 있었습니까?

가 소영 씨의 이야기에 ✓하십시오.

소영

1. 가방을 도서관에 놓고 왔어요.   ☐
2. 도서관 계단에서 전화를 했어요.   ☑
3. 도서관 문 닫는 시간을 몰랐어요.   ☐
4. 도서관에서 과자를 먹어서 경비 아저씨한테 혼났어요.   ☑

나 묻고 대답하십시오.

1. 보민 씨는 어제 왜 집에 못 들어갔대요?
2. 소영 씨는 처음 도서관에 갔을 때 어떤 규칙을 몰랐대요?
3. 도서관 경비 아저씨는 전화를 하려면 어떻게 해야 된대요?
4. 도서관에 책을 늦게 반납하면 어떻게 해야 된대요?
5. 이 도서관의 이용 규칙을 말해 보세요.

2과 듣고말하기

다 잘 듣고 빈칸을 채우십시오. 🔘 14

보민 : 어제 도서관에서 공부하다가 일이 생겨서
가방을 1. _놓고_ 나왔는데, 가지러 갔을 때는
도서관 문이 2. _닫혀서_ 들어갈 수 없었어.
소영 : 도서관은 열 시에 문을 닫는데 몰랐어?
보민 : 응, 어제 처음 가서 몰랐지. 그래서 집에 못 들어갔어.
3. _열쇠_ 도 가방 안에 있었거든.

라 잘 듣고 따라하십시오. 🔘 15

1. 그런 게 있어?
2. 도서관에서 과자를 먹으면 어떡해?

마 다음 요약문을 완성하십시오.

보민 씨는 어제 가방을 도서관에 _놓고 나왔_ 는데, 가방을 _가지러 갔_ 을 때는 도서관 문이 닫혀서 가방을 못 가지고 나왔어요. 열쇠가 가방 안에 있어서 보민 씨는 어제 집에 못 들어갔어요. 소영 씨도 처음 도서관에 갔을 때 _규칙을 안 지켜_ 서 경비 아저씨한테 혼났어요. 그리고 소영 씨는 보민 씨에게 _책을 늦게 반납하_ 면 연체료를 내야 한다고 했어요.

듣기 후

가 해 봅시다.

소영 씨와 도서관 경비 아저씨의 대화를 해 보세요.

> 도서관 경비 아저씨 : 도서관에서 전화를 하면 안 돼요.
> 소영 :
> 도서관 경비 아저씨 :
> 소영 :

나 써 봅시다.

보민 씨의 이야기를 써 보세요.

저는 어제 집에 못 들어갔어요. 왜냐하면 ……

한국에 오기 전에 어떻게 준비했습니까?

2과 읽고말하기

 읽기 전

교환 학생이 무엇입니까?
여러분도 다른 나라에서 교환 학생으로 공부해 본 적이 있습니까?

2과 읽고 말하기

 읽기

● 제이슨 씨는 교환 학생입니다. 처음에 무엇이 힘들었습니까?

서강 학보

교환 학생과의 인터뷰

제이슨(3학년)

요즘 대학생들은 교환 학생 프로그램에 관심이 많습니다. 교환 학생은 한 학기나 두 학기 동안 다른 나라에 있는 학교에 가서 공부하고 그 나라의 언어와 문화를 배웁니다. 교환 학생으로 서강대학교에 와서 1년 동안 공부하고 다음 달에 미국으로 돌아가는 제이슨 씨를 만나서 어떻게 준비했는지, 한국에 와서 느낀 점은 무엇인지 인터뷰했습니다.

제이슨 씨는 한국에 오기 전에 어떻게 준비하셨습니까?

교환 학생으로 다른 나라에 가려면 학점이 3.0 이상이어야 돼요. 그래서 1학년 때부터 학교 공부를 열심히 했어요.
그리고 한국 문화나 전통에 대한 책도 많이 읽고 궁금한 것이 있으면 인터넷으로 찾아봤습니다. 한국어로 수업을 들으려면 한국어를 잘해야 하니까 한국어 공부도 열심히 했어요.

한국 생활에서 뭐가 힘들었습니까?

새로운 환경에 적응하려면 시간이 필요한 것 같아요. 처음에는 말도 안 통하고 음식도 입에 맞지 않아서 힘들었어요. 그런데 같은 하숙집에 사는 한국 학생들이 저를 많이 도와줘서 점점 익숙해졌어요. 수업도 처음에는 언어 때문에 힘들었어요. 그래도 수업을 열심히 듣고 숙제도 열심히 했어요. 뭐든지 처음에는 힘들지만 열심히 하면 잘하게 된다고 생각해요.

2과 읽고말하기

한국에서 생활한 후에 달라진 점은 무엇입니까?

마음이 넓어지고 생활에 자신감이 생겼어요. 그래서 어떤 문제가 생겼을 때 이제는 다른 사람에게 부탁하지 않고 직접 해결해요. 물론 한국어도 많이 늘었어요. 한국 친구들이 저한테 한국 사람이 다 됐대요.

한국에 오고 싶어하는 후배들에게 해 주고 싶은 말이 있습니까?

한국에서 생활하는 것은 한국어하고 같이 생활하는 것이라고 생각해요. 한국어를 알면 한국 생활에 빨리 적응할 수 있으니까 한국에 오기 전에 한국어를 열심히 공부하세요. 그리고 한국에 와서는 한국의 문화를 많이 경험하는 것이 좋다고 생각해요.

〈서강 학보 이민희 기자〉

 16

가 읽고 메모하십시오.

질문	메모
1. 한국에 오기 전에 어떻게 준비하셨어요?	학교 공부, _____, 한국어
2. 한국 생활에서 뭐가 힘들었어요?	말, _____, 수업
3. 한국에서 생활한 후에 달라진 점은 뭐예요?	마음, 자신감, _____
4. 한국에 오고 싶어하는 후배들에게 해 주고 싶은 말이 있어요?	한국에 오기 전에 _____, 한국에 온 다음에 _____

2과 읽고말하기

나 묻고 대답하십시오.

1. 교환 학생이 뭐예요?
2. 제이슨 씨는 한국에 오기 전에 무슨 준비를 했어요?
3. 처음에 뭐가 힘들었대요?
4. 친구들이 제이슨 씨한테 뭐라고 말해요?
5. 한국에서 생활한 다음에 달라진 점이 뭐예요?
6. 제이슨 씨는 후배들에게 어떤 말을 했어요?

다 소리 내서 읽어 보십시오.

1. 새로운 환경에 적응하려면 시간이 필요한 것 같아요.
2. 한국 친구들이 저한테 한국 사람이 다 됐대요.

라 다음 단어를 이용해서 내용을 요약해 보십시오.

한국에 오기 전에 준비할 것	학교 공부	한국 문화나 전통	한국어 공부	
힘든 점	말이 통하다	입에 안 맞다	도와주다	익숙해지다
후배들에게 해 주고 싶은 말	한국에 오기 전	한국어	한국에 온 후	한국 문화	경험하다

읽기 후

가 해 봅시다.

여러분이 기자가 되어서 한국 생활에 대한 인터뷰를 해 보세요.

"한국에 오기 전에 준비는 어떻게 하셨습니까?"

질문	대답
1. 한국에 오기 전에 준비한 것	
2. 힘든 점	
3. 달라진 점	
4. 후배들에게 해 주고 싶은 말	

나 써 봅시다.

'해 봅시다'에서 한 인터뷰 내용으로 기사를 써 보세요.

문법

1. -으려면

   도서관에서 책을 빌리려면 학생증을 만들어야 해요.

2. -으면 되다

   도서관은 이 길로 쭉 가면 돼요.

3. 간접화법 축약

   선생님, 모니카가 오늘 아파서 학교에 못 온대요.

발음

잘 듣고 발음을 확인해 보세요. 🔊 17

끝이 [끄치]
같이
닫히다

단어 표현

학교 생활

건물
강의실
멀티미디어실
보건실
컴퓨터실
탁구장

과
교환 학생
보고서
학생증
학점
후배

동아리
가입하다
신청하다
신청서

모이다
모임
엠티

도서관
대출
반납
반납하다
반납일
연체료를 내다
이용 규칙
규칙을 지키다

말하기

명사
맞은편
매주
복도
지하
홈페이지

동사
출력하다

기타·표현
다다음 주

듣고 말하기

명사
입구

동사
(-이/가) 닫히다
(-이/가) 지나다
  반납일이 지나다
(-이/가) (-에게) 혼나다

기타·표현
경비 아저씨
놓고 나오다
사실은
주의 사항
그런 게 있어?
당연하지!

읽고 말하기

명사
언어
자신감
  자신감이 생기다

환경

동사
경험하다
느끼다
  느낀 점
(-이/가) 늘다
  한국어가 늘다
(-에) 적응하다
해결하다

형용사
새롭다
익숙하다

부사
점점

기타·표현
한국 사람이 다 됐대요.

말할 수 있어요

☐ 학교 시설을 이용하는 방법을 설명할 수 있어요.
☐ 다른 사람에게 들은 이야기를 전달할 수 있어요.

3 집

학습 목표

말하기 **문법** p52 -은/는 편이다
-긴 하다

대화 p54 집의 특징 설명하기
집의 문제점 설명하기

과제 p56 부동산에 가서 집을 알아보세요

듣고 말하기 p58 어떻게 원룸을 찾아야 되지?

읽고 말하기 p61 여러분에게 잘 맞는 집을 찾으시기 바랍니다

3과 말하기
문법1 -은/는 편이다

연습해 보세요.

① A 새로 이사 간 동네는 어때요?
　B 산이 가까워서 공기가 <u>깨끗한</u> 편이에요.

② A 하숙집 음식이 맛있어요?
　B 네, 좀 맵지만 <u>맛있는</u> 편이에요.

③ A 극장에 자주 가세요?
　B 네, <u>자주 가는 편이에요</u>.

④ A 한국 음식을 잘 드세요?
　B 네, <u>한국 음식을 잘 먹는 편이에요</u>.

⑤ A 음악을 자주 들으세요?
　B 네, _____.

아래 단어를 이용해서 질문하고 대답하세요.

✓ 운동하다	음악을 듣다	관심이 있다
마시다	좋아하다	만들다
노래를 부르다	조용하다	잘하다
가깝다	어렵다	

운동을 자주 하세요?

네, 저는 자주 운동하는 편이에요.

아니요, 저는 시간이 없어서 잘 안 하는 편이에요.

3과 말하기

문법2 -긴 하다

모니카 씨, 하숙집이 좋다고 들었어요. 하숙비가 비싸겠어요.

네, 비싸긴 해요. 하지만 시설도 좋고 교통도 편리하니까 괜찮아요.

연습해 보세요.

1. A 의자가 어때요? 편해요?
   B 네, _편하긴 해요_. 하지만 모양이 마음에 안 들어요.

★ 2. A 김치 자주 드세요?
   B 네, _자주 먹긴 해요_. 하지만 별로 좋아하지 않아요.

3. A 그 식당에서 먹은 갈비가 맛있었어요?
   B 네, _맛있긴 했어요_. 하지만 좀 비쌌어요.

4. A 시험공부 많이 했어요?
   B 네, _많이 하긴 했어요_. 하지만 시험은 잘 못 봤어요.

5. A 지난 주말에 여행 갔다왔어요?
   B 네, _갔다오긴 했어요_. 하지만 비가 와서 여행이 재미없었어요.

같이 이야기해 보세요.

1	질문	한국어 공부가 재미있다
	대답	_재미있긴 하지만_
2	질문	영화 보는 것을 좋아하다
	대답	_좋아하긴 하지만_
3	질문	고향에 있는 친구가 보고 싶다
	대답	_보고 싶긴 하지만_
4	질문	한국 생활이 힘들다
	대답	_힘들긴 하지만_

한국어 공부가 재미있으세요?

한국어 공부가 재미있긴 하지만 단어를 외우는 것이 힘들어요.

3과 말하기

집의 특징 설명하기

대화1 새로 이사 간 집에 대해서 어떻게 말합니까?

지은 지 얼마 안 돼서 깨끗한 편이에요.

미나 앤디 씨, 이사 잘했어요?
앤디 네, 친구들이 도와줘서 잘 끝났어요.
미나 이사 간 집은 어때요? 좋아요?
앤디 네, 좋아요. 지은 지 얼마 안 돼서 깨끗한 편이에요.
미나 그런데 월세가 좀 비싸지 않아요?
앤디 좀 비싸긴 하지만 괜찮아요.
미나 언제 집들이 한번 하세요.
앤디 네, 그럴게요.

다음을 이용해서 대화를 만들어 보세요

지은 지 얼마 안 되다	– 깨끗하다
주택가에 있다	– 조용하다
집 근처에 산이 있다	– 공기가 맑다
집 앞에 한강이 보이다	– 전망이 좋다
쇼핑센터가 멀지 않다	– 편리하다

월세가 비싸다
학교에서 멀다
교통이 불편하다
전세가 비싸다
시끄럽다

활용해 보세요

여러분이 살고 있는 집을 소개해 보세요.

지금 살고 있는 집이 어때요?

우리 집은 학교에서 가까운 편이에요. 그리고 …….

집의 문제점 설명하기

집에 문제가 생겨서 집주인에게 전화합니다. 어떻게 말합니까?

문제가 좀 생겼어요. 싱크대 물이 안 내려가요.

집주인 여보세요.
앤디   여보세요. 안녕하세요? 101호로 이사 온 사람인데요.
집주인 안녕하세요? 방이 마음에 들어요?
앤디   네. 마음에 들긴 하는데 문제가 좀 생겼어요.
집주인 무슨 문제요?
앤디   싱크대 물이 안 내려가요. 어떻게 해야 할지 잘 모르겠어요.
집주인 그래요? 그럼, 잠깐만 기다리세요. 제가 지금 가 볼게요.

싱크대 물이 안 내려가다

창문이 안 닫히다

가스가 안 들어오다

비가 새다

뜨거운 물이 안 나오다

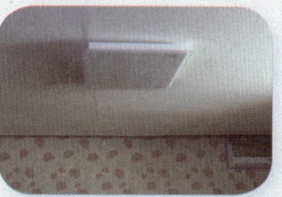
불이 안 들어오다

난방이 안 되다

화장실 물이 안 내려가다

3과 과제: 부동산에 가서 집을 알아보세요

준비

나중에 어떤 집으로 이사하고 싶으세요?

집의 종류	원룸	아파트	주택	
지불 방법	보증금	월세/전세		
주변 환경	주택가	쇼핑센터	은행	공원
교통	지하철역	버스 정류장		
시설	가구	냉장고	옷장	침대
크기(㎡)				

(원룸에 동그라미)

활동

1. 집을 소개하는 그룹 A와 집을 구하는 그룹 B로 나누세요.
2. A는 정보 카드를 보고, B한테 집을 소개하세요. B는 정보를 모아서 마음에 드는 집을 선택하세요.

정보 카드

가나 부동산

명하우스

- 원룸 30㎡
- 월세 60만 원(보증금 없음)
- 주택가/지하철역에서 걸어서 3분
- 침대, 냉장고, 옷장, 세탁기 있음
- 인터넷 사용 가능

활동 메모지

	가나 부동산	○○ 부동산
집의 종류		
지불 방법		
주변 환경		
교통		
시설		
크기		

정리

어느 집으로 이사하고 싶은지, 왜 그 집을 선택했는지 이야기해 보세요.

3과 과제

실제 생활에서는 이렇게 말할 수 있어요.

부동산 중개인	어서 오세요. 어떻게 오셨어요?
손님	원룸을 하나 찾고 있는데요.
부동산 중개인	아, 좋은 방이 하나 있는데…….
손님	월세예요? 전세예요?
부동산 중개인	월세인데 한 달에 60만 원이에요.
손님	좀 비싼 편인 것 같아요. 그런데 주변 환경은 어때요?
부동산 중개인	주택가라서 조용한 편이에요.
손님	시설은요?
부동산 중개인	가구도 다 있고 인터넷도 돼서 편할 거예요.
손님	크기는요?
부동산 중개인	한 30㎡쯤 돼요.
손님	지금 좀 볼 수 있을까요?
부동산 중개인	그럼요, 지금 같이 한번 가 봅시다.

3과 듣고말하기: 어떻게 원룸을 찾아야 되지?

듣기 전

반 학생들이 어디에서 사는지 물어보고 ✓ 하십시오.

- ☐ 아파트
- ☐ 주택
- ☐ 원룸
- ☐ 하숙집
- ☐ 기숙사
- ☐ 기타

주택

아파트

원룸

기숙사

하숙집

오피스텔

3과 듣고말하기

듣기  21

● 학교 게시판 앞에서 모니카 씨와 소영 씨가 지금 살고 있는 집에 대해서 이야기합니다.
모니카 씨와 소영 씨는 지금 어디에서 살고 있습니까?

● 소영 씨는 지금 살고 있는 곳을 좋아합니까?

가 듣고 메모하십시오.

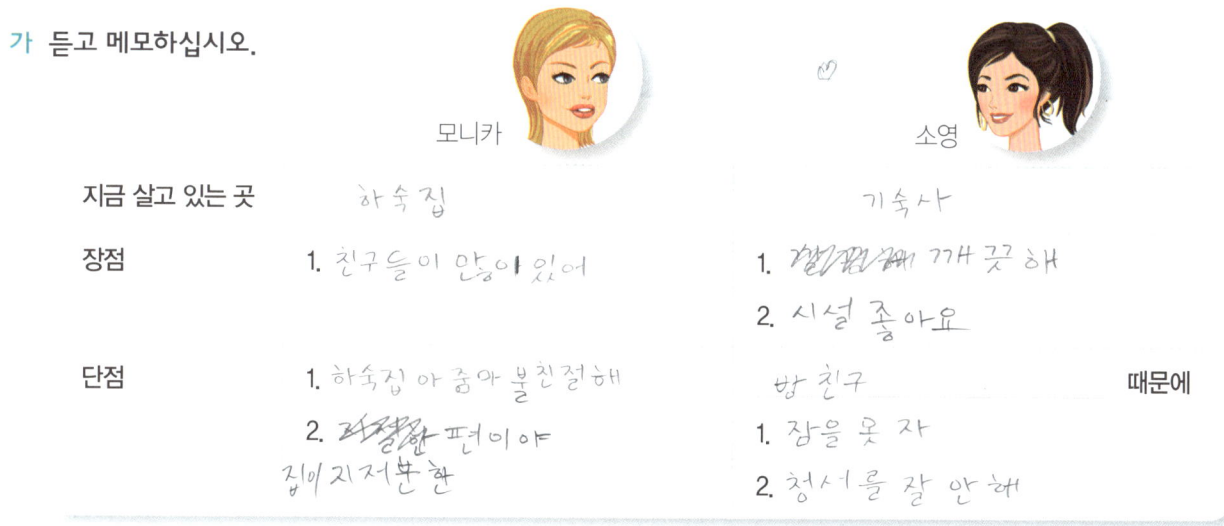

	모니카	소영
지금 살고 있는 곳	하숙집	기숙사
장점	1. 친구들이 많이 있어	1. ~~걸~~ 께끗해 2. 시설 좋아요
단점	1. 하숙집 아줌아 불친절해 2. ~~~~ 편이야 집이 지저분한	방 친구 때문에 1. 잠을 못 자 2. 청서를 잘 안해

나 묻고 대답하십시오.

1. 모니카 씨는 왜 이사를 가고 싶어해요? 하숙집
2. 소영 씨는 기숙사 생활의 장점과 단점이 뭐라고 했어요?
3. 소영 씨는 모니카 씨에게 무엇을 제안했어요?
4. 두 사람이 함께 살면 어떤 좋은 점이 있어요?
5. 소영 씨는 왜 집을 인터넷에서 찾아보자고 했어요?
6. 모니카 씨와 소영 씨는 함께 살게 될까요? 왜 그렇게 생각하세요?

3과 듣고말하기

다 잘 듣고 빈칸을 채우십시오. 22

소영 : 뭘 그렇게 열심히 보고 있어?
모니카: 응, 하숙집 광고.
소영 : 하숙집 1. _옮기려고_ ?
모니카: 어.
소영 : 왜? 하숙집에 친구들이 많아서 재미있다고 했잖아.
모니카: 맞아. 그런데 하숙집 아줌마가 좀 2. _불친절해_ .
소영 : 그래?
모니카: 또 집도 3. _지저분한_ 편이야.

라 잘 듣고 따라하십시오. 23

1. 어, 깜짝이야.
2. 우리 이렇게 하면 어떨까?

마 다음 요약문을 완성하십시오.

　　　모니카 씨는 _하숙집에 사_ 는데 이사를 하고 싶어해요. 왜냐하면 지금 살고 있는 하숙집은 _ㅈ_____서 하숙집을 옮기고 싶어요. 소영 씨는 지금 기숙사에서 살고 있는데 방 친구가 _____서 기숙사 생활이 불편해요. 그래서 모니카 씨와 소영 씨는 원룸을 구해서 함께 살기로 했어요.

듣기 후

가 해 봅시다.

지금 살고 있는 집의 장단점을 이야기해 보세요.

나 써 봅시다.

여러분은 지금 살고 있는 집을 어떻게 찾았는지 써 보세요.

3과 읽고말하기

여러분에게 잘 맞는 집을 찾으시기 바랍니다

 읽기 전

한국에 오기 전에 집을 어떻게 구했습니까?

인터넷　친구 소개　신문　유학원

여러분은 어떤 집에서 살고 싶어요?

주택

기숙사

원룸

하숙집

3과 읽고 말하기

 읽기 ● 지금 조위 씨는 어떤 집에 살고 있습니까?

학교 소개
대학 생활
입학 안내
캠퍼스
동아리
학생 광장

학생 광장 유용한 정보를 나눌 수 있는 곳입니다.

저는 중국에서 온 조위인데 지금은 서울에 있는 서강 대학교에서 한국어를 배우고 있습니다. 저는 처음 한국에 오기 전에 어디에서 살아야 할지 걱정이 많았습니다. 유학을 준비하는 분들은 모두 집에 대해서 고민이 많을 거라고 생각합니다. 그래서 한국 유학을 생각하고 있는 분들을 위해서 1년 동안 제가 살아 본 집에 대해서 알려드리겠습니다. 제 경험이 여러분께 도움이 되면 좋겠습니다.

저는 한국에 오기 전에 대학교 기숙사에 대해 알아보고 인터넷으로 신청을 했습니다. 기숙사는 대학교 안에 있고 식당, 매점, 컴퓨터실 등의 시설이 있어서 편리할 것 같았습니다. 기숙사는 2인 1실, 3인 1실, 4인 1실 등이 있고, 기숙사비는 한 학기에 60~80만 원 정도였습니다. 가격도 싸고 시설도 좋아서 꼭 들어가고 싶었는데 추첨에서 떨어져서 들어갈 수 없었습니다.

그래서 친구가 소개해 준 하숙집에서 한국 생활을 시작했습니다. 하숙집은 개인이 운영하는 기숙사라고 생각하면 됩니다. 저는 하숙비 50만 원을 내고 살았는데, 거기에는 식사비와 전기 요금, 수도 요금이 포함됩니다. 제가 산 하숙집은 가족적인 분위기였습니다. 하숙생들이 자주 거실에 모여서 텔레비전도 같이 보고 이야기도 많이 했습니다. 그래서 한국 문화를 빨리 배울 수 있었습니다. 이런 점이 좋긴 했지만 불편한 점도 있었습니다. 화장실과 샤워실을 다른 친구들과 같이 사용해야 했습니다. 특히 아침에는 일어나는 시간이 모두 비슷하니까 화장실을 사용하려면 기다려야 했습니다.

6개월 후에 하숙집에서 나와서 원룸에서 혼자 살기 시작했습니다. 원룸은 30~40㎡ 정도의 작은 방인데 거실과 부엌이 같이 있습니다. 보통 한국 사람들은 전세로 사는데 저는 월세를 내고 있습니다. 원룸은 관리비와 전기 요금, 가스 요금 등을 따로 내야 해서 하숙집보다 비싼 편이긴 하지만 공동생활을 하지 않아도 되니까 좋습니다.

이렇게 기숙사, 하숙집, 원룸은 각각 장단점이 있으니까 여러분에게 잘 맞는 집을 찾으시기 바랍니다.

목록 이전글 다음글

3과 읽고 말하기

가 다음 중에서 맞는 것을 모두 고르십시오.

 기숙사
1. 기숙사에 살려면 미리 신청해야 합니다. ☑
2. 기숙사 방은 보통 혼자 사용합니다. ☐
3. 가격이 싸고 시설이 좋습니다. ☑

 하숙집
1. 하숙비에 전기, 수도 요금이 포함됩니다. ☑
2. 한국 문화에 빨리 익숙해질 수 있습니다. ☑
3. 화장실을 혼자 쓸 수 있어서 좋습니다. ☐

 원룸
1. 원룸에는 방이 두 개 있습니다. ☐
2. 하숙집보다 비쌉니다. ☑
3. 공동생활을 하지 않아도 됩니다. ☑

나 묻고 대답하십시오.

1. 기숙사에 살면 어떤 점이 좋아요?
2. 조위 씨는 왜 기숙사에 살지 못했어요?
3. 하숙집에서 살면 좋은 점이 뭐예요?
4. 조위 씨는 하숙집에서 무엇이 불편했어요?
5. 원룸은 어떤 곳이에요?
6. 원룸의 장단점을 말해 보세요.

3과 읽고말하기

다 소리 내서 읽어 보십시오.

1. 처음 한국에 오기 전에 어디에서 살아야 할지 걱정이 많았습니다.
2. 이런 점이 좋긴 했지만 불편한 점도 있었습니다.

라 다음 단어를 이용해서 내용을 요약해 보십시오.

기숙사	시설	기숙사비	신청하다	추첨	떨어지다
하숙집	가족적인 분위기	한국 문화	샤워실과 화장실		불편하다
원룸	작은 방	관리비	비싸다	공동생활	좋다

기숙사에 기숙사비 싸고 시설이 좋아서 학생들이 많이 신청해서 추첨에 떨어질거에요.

하숙집은 가족적인 분위기있고 한국문화 빨리 익숙해질수있지만 샤워실과 화장실 혼자 쓸수없으니가 불편할수도 있지.

읽기 후

원룸은 작은 방이고 관리비 비싸지만 공동생활을 하지 않아서 좋아요.

가 해 봅시다.

여러분 친구가 한국에 유학을 오려고 해요.
친구에게 기숙사, 하숙집, 원룸에 대해서 설명해 주세요.

나 써 봅시다.

'해 봅시다'에서 이야기한 내용을 써 보세요.

문법

1. -은/는 편이다
   우리 집은 깨끗하고 조용한 편이에요.

2. -긴 하다
   제 하숙집이 좀 비싸긴 해요.
   하지만 시설도 좋고 교통도 편리하니까 괜찮아요.

발음

잘 듣고 발음을 확인해 보세요. 24

특히 [트키]
좋긴 해요
익숙해졌어요

단어 표현

집
아파트
기숙사
원룸
주택
하숙집

거실
부엌
샤워실

가구
싱크대
옷장
침대

가스가 들어오다
난방이 되다
물이 나오다
물이 내려가다
불이 들어오다
비가 새다
창문이 닫히다

말하기

명사
보증금
부동산
　부동산 중개인
쇼핑센터
월세
전세
주택가
집주인

형용사
뜨겁다

기타·표현
주변 환경
공기가 맑다
전망이 좋다
어떻게 해야 할지 잘 모르겠어요.

듣고 말하기

명사
점
　장단점
　힘든 점

동사
구하다
제안하다

형용사
불친절하다
지저분하다

부사
먼저

기타·표현
반씩 내다
그래그래.
깜짝이야.
뭘 그렇게 열심히 보고 있어?
우리 이렇게 하면 어떨까?

읽고 말하기

명사
가족적
공동생활
매점

비
　관리비
　기숙사비
　식사비
　하숙비
요금
　가스 요금
　수도 요금
　전기 요금
정도
추첨

동사
운영하다
(-이/가) 포함되다

부사
각각
따로
미리

기타·표현
2인 1실
추첨에서 떨어지다
여러분께 도움이 되면 좋겠습니다.

말할 수 있어요

☐ 지금 살고 있는 집의 장단점을 말할 수 있어요.
☐ 집에 문제가 생겼을 때 도움을 요청해서 해결할 수 있어요.

4 초대와 방문

학습 목표

말하기
- 문법 p68　-을 테니까 ①
　　　　　　-으면서
- 대화 p70　초대하고 일 분담하기
　　　　　　방문하기
- 과제 p72　한국 사람 집을 방문해 보세요

듣고 말하기
- p74　설날에 한국 친구 집에 갔다 왔어요

읽고 말하기
- p77　초대를 받았습니다

4과 말하기 문법1

-을 테니까 ①

 p15

연습해 보세요.

✓사다 ✓만들다 ✓찍다 듣다 ✓부르다

① 한스: 제가 저녁을 살게요.
   미나: 아니에요, 제가 저녁을 <u>살 테니까</u> 한스 씨가 커피를 사세요.

② 한스: 제가 피아노를 연주할까요?
   미나: 네, 제가 노래를 <u>부를 테니까</u> 한스 씨가 피아노를 연주해 주세요.

③ 한스: 제가 사진을 <u>찍을 테니까</u> 웃으세요.
   미나: 네, 예쁘게 찍어 주세요.

★ ④ 한스: 제가 맛있는 저녁을 <u>만들 테니까</u> 과일 좀 사 오세요.
   미나: 네, 그럼 딸기를 좀 사 갈게요.

★ ⑤ 한스: 제가 <u>들을 테니까</u> 이야기 좀 해 보세요.
   미나: 네, 그럼 얘기할게요.

 친구와 같이 살기로 했습니다. 집안일 목록을 만든 다음에 친구와 집안일을 나눠 보세요.

	집안일	나	친구
1	설거지하다	✓	
2	빨래하다		✓
3	쓰레기를 버리다		✓
4	음식을 만들다	✓	

제가 설거지할 테니까 ○○ 씨는 빨래를 해 주시겠어요?

4과 말하기
문법2 -으면서

아, 저분이요? 한스 씨예요.

맥주를 마시면서 춤을 추는 남자가 누구예요?

연습해 보세요.

① A 신문을 보면서 뭐 해요?
  B 신문을 보면서 _커피를 마셔요_.

② A 창문을 닦으면서 뭐 해요?
  B 창문을 _닦으면서 노래를 불러요_.

③ A 뭐 하면서 전화해요?
  B _요리하면서 전화해요_.

④ A 뭐 하면서 공부해요?
  B _음악을 들으면서 공부해요_.

같이 이야기해 보세요.

✓ 공부하다   길을 걷다   책을 읽다

텔레비전을 보다

공부하면서 보통 뭐 해요?

공부하면서 보통 음악을 들어요.

4과 말하기: 초대하고 일 분담하기

대화1 친구를 파티에 초대하려고 전화합니다. 어떻게 말합니까?

다음 주 토요일에 시간 있으세요?

미나: 한스 씨, 다음 주 토요일에 시간 있으세요?
한스: 특별한 일은 없는데, 왜요?
미나: 우리 집에서 이영재 씨 환송회를 하려고 해요.
한스: 그래요? 저도 갈게요. 제가 음료수 좀 가져갈까요?
미나: 음료수는 제가 살 테니까 그냥 오시면 돼요.
한스: 몇 시까지 갈까요?
미나: 늦어도 다섯 시까지 오세요.
한스: 네, 알겠어요. 그럼, 그때 만나요.

다음을 이용해서 대화를 만들어 보세요

- 음료수 좀 가져가다 / 사다
- 음식 좀 준비하다 / 준비하다
- 케이크 좀 사 가다 / 만들다
- 상우 씨한테 연락하다 / 연락하다
- 다른 사람들한테 전화하다 / 전화하다

활용해 보세요
파티에 초대받았습니다.
파티를 위해서 무엇을 준비해야 할지 이야기해 보세요.

음식 | 선물 | 음료수

4과 말하기

방문하기 — 대화2

아는 분의 사무실을 방문했는데 그분이 자리에 안 계십니다. 어떻게 말합니까?

여기에서 잠깐 기다려도 되겠습니까?

직원: 무슨 일로 오셨습니까?
윤호: 김 부장님을 뵈러 왔는데요.
직원: 지금 회의 중이신데요.
윤호: 회의가 몇 시쯤 끝날까요?
직원: 글쎄요, 잘 모르겠지만 곧 끝날 겁니다.
윤호: 그럼, 여기에서 잠깐 기다려도 되겠습니까?
직원: 네, 그러세요. 차 한 잔 드릴게요. 차 드시면서 기다리세요.
윤호: 네, 감사합니다.

김 부장님을 만나러 회사에 갔는데 회의 중이십니다.

박 선생님을 만나러 학교에 갔는데 수업 중이십니다.

정 교수님을 만나러 연구실에 갔는데 식사 중이십니다.

이상우 씨를 만나러 사무실에 갔는데 외출 중입니다.

활용해 보세요

사무실에 손님이 찾아왔는데, 찾는 분이 안 계십니다.
사무실 직원과 손님이 되어 이야기해 보세요.

○○씨 뵈러(만나러) 왔는데요.

지금 자리에 안 계신데요.

4과 과제: 한국 사람 집을 방문해 보세요

준비
집에 손님이 왔을 때 어떻게 인사해요? 다른 사람 집을 방문했을 때 어떻게 인사해요?

활동
1. 집주인 그룹 A와 손님 그룹 B로 나누세요.
2. A는 손님을 맞을 준비를 하고 B는 선물을 준비하세요.
3. B는 A를 방문합니다. 인사한 다음에 집을 칭찬하고 이야기를 나누세요.

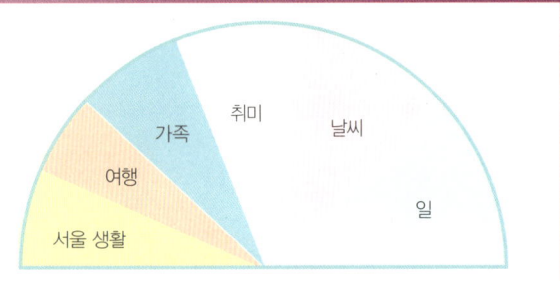

정리
손님한테서 선물을 받으면 어떻게 인사하는지 이야기해 보세요.

실제 생활에서는 이렇게 말할 수 있어요

집에 들어올 때 🎧 27

- 주인: 어서 오세요.
- 손님: 초대해 주셔서 감사합니다.
- 주인: 바쁘신데 이렇게 와 주셔서 감사합니다.
- 손님: 저, 이거 …….
- 주인: 뭐 이런 걸 다 사 오셨어요?
- 손님: 별거 아니에요.

4과 과제

집에 들어간 다음에

주인 들어오세요. 이쪽에 앉으세요.
뭐 마실 것 좀 드릴까요?

손님 아니요, 괜찮아요.

주인 한 잔 드세요.

손님 네, 그럼 차 한 잔 주시겠어요?

〈잠시 후〉

손님 집이 참 좋네요.

주인 집이 좋긴 한데 교통이 좀 불편한 편이에요.

집에서 나갈 때

손님 오늘 정말 재미있었어요.

주인 저도 너무 즐거웠어요. 다음에 또 놀러 오세요.

손님 네, 안녕히 계세요.

주인 조심해서 가세요.

4과

듣고말하기 설날에 한국 친구 집에 갔다 왔어요

듣기 전

설날에 무엇을 합니까?

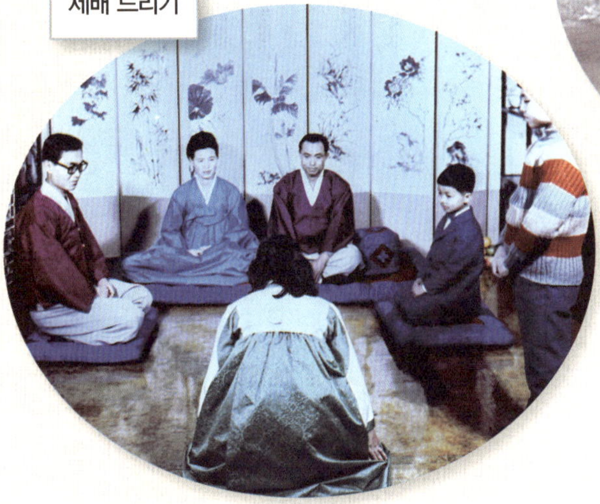

세배 드리기

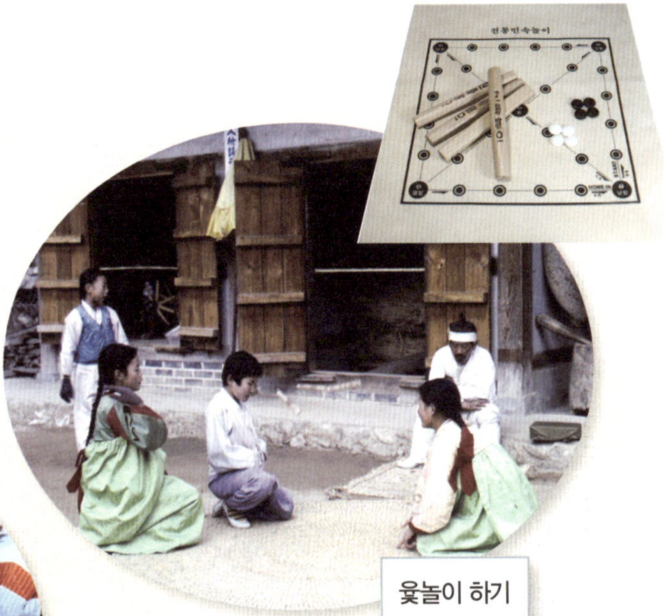

윷놀이 하기

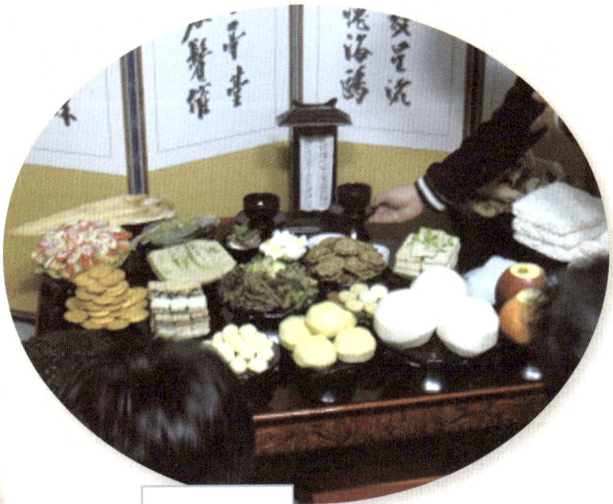

차례 지내기

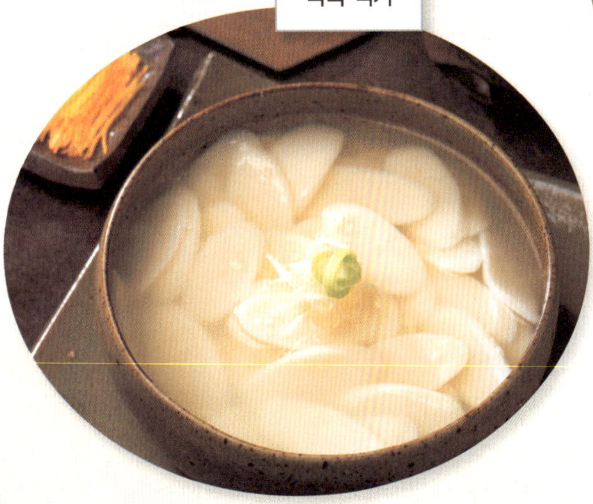

떡국 먹기

사진제공:국가기록원 국가기록원

4과 듣고말하기

 듣기 28

● 한스 씨와 미나 씨가 설날 연휴가 끝난 다음에 이야기합니다. 한스 씨는 설날에 무엇을 했습니까?

가 해당되는 것에 모두 ✓ 하십시오.

		한스	미나
1.	큰아버지 댁에 가서 친척들과 같이 보냈어요.		✓
2.	대전 친구 집에 가서 윷놀이를 했어요.	✓	
3.	어른들께 세뱃돈을 받았어요.	✓	
4.	부모님께 세배를 드렸어요. 그리고 시집가라는 말씀을 들었어요.		✓
5.	친구 부모님께 세배를 드렸어요. 그리고 결혼하라는 말씀을 들었어요.	✓	
6.	떡국을 안 먹었어요.		✓

나 묻고 대답하십시오.

1. 한스 씨는 설날을 어떻게 보냈어요?
2. 설날 연휴에 교통이 어땠어요?
3. 어른들은 세배를 한 한스 씨에게 무엇을 주셨어요?
4. 어른들은 세배를 받은 다음에 한스 씨에게 뭐라고 하셨어요?
5. 어른들은 세배를 받은 다음에 미나 씨에게 뭐라고 하셨어요?
6. 미나 씨는 왜 떡국을 안 먹었어요?

4과 듣고말하기

다 잘 듣고 빈칸을 채우십시오. 29

미나 : 1. _세배_ 드리면 어른들께서 좋은 말씀을
해 주시는데 한스 씨한테는 뭐라고 하셨어요?
한스 : 올해는 꼭 결혼하라고 하셨어요.
미나 : 한스 씨한테도 2. _장가가라_ 고 하셨어요?
저도 부모님하고 친척들이 모두 좋은 사람 만나서
꼭 3. _시집가라_ 고 하셨어요.

라 잘 듣고 따라하십시오. 30

1. 새해 복 많이 받으세요.
2. 무슨 전통 놀이를 했는데, 이름은 잊어버렸어요.

마 다음 요약문을 완성하십시오.

한스 씨는 설날 연휴에 대전에 있는 한국 친구 집에 갔다 왔어요. 친구 집에 가서 _한국 문화에 배우_ 면서 재미있게 보냈어요. 설날 아침에 친구 부모님께 세배를 드렸을 때 친구 부모님께서 _세뱃돈을 받으라_ 고 하셨어요. 미나 씨는 설날 연휴에 큰아버지 댁에 다녀왔어요. 설날에는 모두 떡국을 먹지만 미나 씨는 떡국을 먹으면 _나이가 많아지_ 니까 떡국을 안 먹었어요.

듣기 후

가 해 봅시다.

여러분 나라의 가장 큰 명절을 소개해 보세요.

	한국
언제예요?	1월 1일
무슨 음식을 먹어요?	떡국
무엇을 해요?	세배, 윷놀이

나 써 봅시다.

'해 봅시다'에서 이야기한 내용을 써 보세요.

4과 초대를 받았습니다 읽고말하기

읽기 전

여러분 나라의 결혼식과 장례식은 어떻습니까?
여러분 나라에 해당되는 것에 ✓하십시오.

결혼식	
결혼식에 갈 때 전통 옷을 입는다.	☐
결혼식 전에 신부를 만날 수 있다.	☐
결혼 선물로 돈을 주기도 한다.	☐
신부는 미리 약속한 친구한테 부케를 던진다.	☐
결혼식이 끝나고 피로연을 한다.	☐

장례식	
장례식에 갈 때는 검은색 양복을 입는다.	☐
화장이나 액세서리를 해도 된다.	☐
장례식장에 가서 식사한다.	☐
장례식장에서 밤을 보내면서 가족들을 위로한다.	☐

카밀라 씨는 인터넷에서 무엇을 찾아보고 있습니까?

카밀라 씨는 한국에 온 지 얼마 안 된 외국인입니다. 이번 주말에는 친구 결혼식에 초대를 받았습니다. 카밀라 씨는 한국 결혼식에 초대 받는 것이 처음이라서 선물은 뭘 해야 할지, 무슨 옷을 입고 가야 할지 걱정이 됐습니다. 그래서 인터넷에서 한국의 결혼식에 대해서 찾아보고 있습니다.

4과 읽고말하기

읽기 ● 카밀라 씨는 결혼식에 갈 때 무엇을 준비해야 합니까?

http://Yahoo.co.kr

지식 Q&A   검색   결혼식

결혼식에 갈 때

결혼식에 갈 때는 옷을 신경 써서 입어야 한다. 남자는 보통 양복을 입고 여자는 치마나 바지 정장을 입는데, 검은색이나 흰색은 입지 않는 것이 좋다. 한복은 신랑, 신부의 가까운 친척 중에서 결혼한 여자들이 보통 입는다. 결혼식장에 도착하면 손님들에게 인사를 하고 있는 신랑과 신부 부모님께 "축하합니다."라고 인사를 드린다. 그리고 신랑에게도 "축하합니다. 행복하게 사세요."라고 축하 인사를 한다.

신부는 보통 대기실에서 결혼식을 기다리고 있는데, 일찍 결혼식장에 도착한 사람들은 신부와 함께 사진을 찍기도 한다. 결혼을 축하하는 뜻으로 주는 돈을 축의금이라고 하는데 축의금은 보통 흰 봉투에 넣고 이름을 써서 낸다. 결혼하는 사람이 가까운 친구면 축의금 대신 선물을 하는 것도 좋다. 결혼식이 끝나면 가족과 친척, 그리고 친구와 동료들은 신랑, 신부와 함께 사진을 찍는다. 이때 신부는 미리 약속한 친구에게 부케를 던지고 다른 사람들은 박수를 치면서 축하한다.

사진을 찍은 후에는 피로연장으로 가서 식사를 한다. 하지만 요즘에는 식사를 하면서 결혼식을 하기도 한다. 식사가 끝날 때쯤 신랑, 신부가 테이블마다 다니면서 인사를 한다. 보통 식사가 끝난 다음에 신랑, 신부의 친한 친구들은 모여서 또 다시 파티를 하기도 한다.

4과 읽고 말하기

지식 Q&A 검색 **장례식**

장례식장에 갈 때

　장례식장에 갈 때 남자는 검은색 양복에 흰색 와이셔츠, 여자는 검은색 정장을 입는다. 보통 검은색 옷을 입지만 검은색 옷이 없으면 어두운 색 옷을 입어도 된다. 화장을 진하게 하거나 액세서리를 하는 것은 좋지 않다. 장례식장에 가면 검은색이나 흰색 한복을 입은 여자와, 팔에 흰색 띠를 하고 있는 남자를 볼 수 있는데 돌아가신 분의 가족들이라고 생각하면 된다.

　장례식장에 도착하면 먼저 빈소에 들어가서 영정 앞에 향을 피우거나 흰색 꽃을 놓는다. 그리고 영정 앞에서 절을 두 번 반 한다. 그 다음에 가족에게 인사를 하고 말없이 위로한다. 빈소 밖으로 나가서 조의금을 내고, 가족들이 안내하는 곳으로 가서 준비된 음식을 먹는다. 음식을 먹으면서 사람들과 함께 돌아가신 분에 대한 추억을 이야기하고 서로의 안부도 묻는다. 식사가 끝나면 집에 가도 된다. 하지만 가까운 사이라면 장례식장에서 밤을 보내면서 가족들을 위로하거나 일을 도와주기도 한다.

가 순서대로 번호를 쓰십시오.

결혼식

1. 친구와 동료들은 신랑, 신부와 함께 사진을 찍는다. ☐
2. 신랑과 신부 부모님께 "축하합니다."라고 인사를 드린다. 1
3. 피로연장에서 식사를 할 때 신랑과 신부가 돌아다니면서 인사를 한다. ☐

장례식

1. 영정 앞에 향을 피우거나 흰색 꽃을 놓는다. ☐
2. 가족들이 안내하는 곳으로 가서 준비된 음식을 먹는다. ☐
3. 영정 앞에서 절을 두 번 반 한다. ☐

79

4과 읽고말하기

나 묻고 대답하십시오.

1. 결혼식에 갈 때는 어떤 옷을 입는 것이 좋아요?
2. 초대 받은 사람은 결혼식장에 도착해서 무엇을 해요?
3. 결혼식이 끝난 후에는 무엇을 해요?
4. 장례식장에 갈 때 어떤 것을 주의해야 해요?
5. 빈소에 들어가서 어떻게 해요?
6. 빈소 밖으로 나온 다음에는 뭘 해요?

다 소리 내서 읽어 보십시오.

1. 결혼하는 사람이 가까운 친구면 축의금 대신 선물을 하는 것도 좋다.
2. 장례식장에서 밤을 보내면서 가족들을 위로하거나 일을 도와주기도 한다.

라 다음 단어를 이용해서 내용을 요약해 보십시오.

결혼식	도착하다	신랑과 신부	축하 인사하다	
	축의금	흰 봉투	가까운 친구	선물
장례식	검은색 옷	화장	액세서리	
	빈소	영정 앞	절	가족	위로하다

읽기 후

가 해 봅시다.

여러분 나라의 결혼식과 장례식에 대해서 이야기해 보세요.

○○ 씨 나라에서 결혼식에 갈 때 어떤 선물을 준비해요?

나 써 봅시다.

여러분 나라의 결혼식이나 장례식을 설명하는 글을 써 보세요.

문법

1. -을 테니까
   음료수는 제가 살 테니까
   파티에 그냥 오시면 돼요.

2. -으면서
   음료수를 마시면서 얘기하는 남자가 누구예요?

발음

잘 듣고 발음을 확인해 보세요. 31

연휴 [여뉴]
결혼식
진하게

단어 표현

초대와 방문

결혼식
　결혼식장
박수를 치다
봉투
부케를 던지다
(-이/가) 시집가다
(-이/가) 장가가다
신랑
신부
축의금
피로연
　피로연장

장례식
　장례식장
빈소
영정
위로하다
절을 하다
조의금
향을 피우다

방문하다
손님을 맞다

김 부장님을 뵈러 왔는데요.
무슨 일로 오셨습니까?
지금 자리에 안 계신데요.

뭐 마실 것 좀 드릴까요?
뭐 이런 걸 다 사 오셨어요?
별거 아니에요.

조심해서 가세요.

말하기

명사
교수님
부장님
연구실
환송회

동사
뵈다
칭찬하다

기타·표현
수업 중
식사 중
외출 중
회의 중
이야기를 나누다

듣고 말하기

명사
댁
떡국
세뱃돈
연휴
윷놀이

기타·표현
세배를 드리다
새해 복 많이 받으세요.

읽고 말하기

명사
검은색
흰색

대기실
띠
와이셔츠
정장

동사
주의하다

형용사
어둡다
진하다
　진하게

부사
말없이

기타·표현
가까운 사이
신경을 쓰다
액세서리를 하다

말할 수 있어요

☐ 초대하거나 방문했을 때 한국 문화에 맞게 대화를 나눌 수 있어요.
☐ 결혼식과 장례식 문화를 한국과 비교해서 설명할 수 있어요.

5
외모와 성격

학습 목표

말하기	문법 p84	-다 -아/어 보니까
	대화 p86	외모 묘사하기 성격 묘사하기
	과제 p89	좋아하는 사람에 대해서 설명해 보세요
듣고 말하기	p90	외모보다 성격이 중요해
읽고 말하기	p93	가은이는 정말 입이 무거워

5과 말하기 문법1

-다

p18

사랑해 널 이 느낌 이대로 이 세상 속에서 반복되는
그래왔던 헤매임 매 순간 슬픔이젠 안녕!

연습해 보세요.

① A 우리 정말 많이 걸었어. 다리 아프지?
　B 그래, 정말 다리가 __아프다__!

② A 나는 일요일에는 열 시간씩 자.
　B 와! 너 정말 많이 __잔다__!

⭐③ A 내가 김치찌개를 만들었어. 한번 먹어 봐.
　B 와! 한국 음식을 잘 __만든다/만들었다__!

④ A 오늘 시험이 있어서 어제 여섯 시간 동안 공부했어.
　B 와! 정말 열심히 __공부했다__!

⑤ A 어제 잠을 하나도 못 잤어.
　B 지금 __피곤하겠다__!

지금 여러분은 모두 나이가 같은 친구입니다. 친구 이야기를 듣고 '-다'를 이용해서 말해 보세요.

✓ 어제 뭐 했어?   주말에 뭐 할 거야?

어제 뭐 했어?

하루 종일 아르바이트 했어.
그리고 발표 준비도 해야 해서 잠을 못 잤어.

지금 정말 피곤하겠다!

5과 말하기

-아/어 보니까
문법2

연습해 보세요.

| ✓만들다 | ✓가다 | ✓입다 | ✓살다 | ✓먹다 |

① A 명동에 직접 __가 보니까__ 어땠어요?
  B 정말 복잡했어요.

② A 한복을 직접 __입어 보니까__ 어땠어요?
  B 정말 아름다웠어요.

③ A 김밥을 직접 __만들어 보니까__ 어땠어요?
  B 참 힘들었어요.

④ A 감자탕을 직접 __먹어 보니까__ 어땠어요?
  B 맛있었어요.

⑤ A 한국에서 __살아 보니까__ 어땠어요?
  B 사람들이 친절해서 좋았어요.

같이 이야기해 보세요.

✓ 한국에서 어디를 여행해 봤어요? 어땠어요?

어떤 취미 생활을 해 봤어요? 어땠어요?

어느 나라 음식을 먹어 봤어요? 어땠어요?

어떤 운동을 해 봤어요? 어땠어요?

> 한국에서 어디를 여행해 봤어요? 어땠어요?

> 안동에 가 봤어요. 안동에 가 보니까 전통 집이 많았어요.

5과 말하기

외모 묘사하기

대화1

친구가 없는 동안에 누가 찾아왔었습니다. 친구에게 그 사람에 대해서 어떻게 설명합니까?

가은: 너 없는 동안 누가 찾아왔었어.
소영: 누가?
가은: 여자인데 이름은 말 안 했어. 그냥 조금 후에 다시 온다고 했어.
소영: 어떻게 생겼는데?
가은: 얼굴이 갸름하고 날씬한 편이야.
소영: 혹시 긴 생머리야?
가은: 어, 맞아.
소영: 아! 누군지 알겠다. 내 친구일 거야.

다음을 이용해서 대화를 만들어 보세요

친구가 없는 동안에 얼굴이 갸름하고 날씬한 여자가 찾아왔었습니다.

친구가 샤워하는 동안에 키가 크고 체격이 좋은 남자가 찾아왔었습니다.

친구가 잠깐 나간 동안에 얼굴이 둥글고 키가 좀 작은 여자가 찾아왔었습니다.

친구가 도서관에 간 동안에 눈이 크고 마른 남자가 찾아왔었습니다.

5과 말하기
대화1

활용해 보세요

반 친구의 외모를 묘사해 보세요.

5과 말하기

성격 묘사하기

대화2 처음 만난 사람에 대해서 이야기합니다. 성격을 어떻게 말합니까?

적극적이고 활발해.

보민 어제 소개 받은 사람 어땠어?
소영 괜찮았어.
보민 그래? 멋있어?
소영 응, 멋있어.
　　　그리고 얘기해 보니까 성격도 좋은 것 같아.
보민 성격이 어떤데?
소영 적극적이고 활발해.
보민 너하고 잘 어울리겠다. 또 만나기로 했어?
소영 응, 이번 주말에 만나서 영화 보기로 했어.

적극적이다	활발하다
밝다	유머 감각이 있다
솔직하다	점잖다
얌전하다	조용하다

활용해 보세요 친구의 성격에 대해서 이야기해 보세요.

처음 만났을 때 어떤 사람이라고 생각했어?

여러 번 만나 보니까 어때?

5과 과제
좋아하는 사람에 대해서 설명해 보세요

준비
다음 중에서 한 명을 골라서 외모와 성격을 메모하세요.

| 우리 가족 | 내가 좋아하는 사람 | 내가 자주 만나는 사람 |

활동

1. 소개하고 싶은 사람에 대한 발표를 준비하세요. (외모, 성격, 기억에 남는 일 등)

	참고 단어	소개하고 싶은 사람의 특징
얼굴	갸름하다 / 둥글다 / 길다	
머리	생머리 / 파마머리 / 단발머리 / 짧은 스포츠형 머리	
체격	키가 크다 / 체격이 좋다 / 날씬하다 / 말랐다 / 통통하다	
성격	적극적이다 / 활발하다 / 밝다 / 솔직하다 / 얌전하다	

2. 소그룹에서 그 사람에 대해서 발표하세요.

실제 생활에서는 이렇게 말할 수 있어요.
 34

> 저는 우리 가족 중에서 저하고 제일 닮은 제 남동생을 소개하려고 합니다.
> 동생은 얼굴이 둥글고 눈이 커서 귀여워 보입니다.
> 하지만 어렸을 때는 너무 마르고 몸이 약해서 가족들이 걱정을 많이 했습니다.

정리
소그룹 발표에서 재미있게 들은 내용을 다른 그룹 친구들한테 이야기해 보세요.

5과 듣고 말하기: 외모보다 성격이 중요해

듣기 전

여러분은 이성 친구를 사귈 때 무엇이 중요하다고 생각합니까?

5과 듣고말하기

🎧 **듣기** 💿 35

● 가은 씨는 얼마 전에 남자 친구가 생겼습니다. 두 남자 중에 가은 씨의 남자 친구는 누구입니까?

● 가은 씨는 남자 친구를 사귈 때 무엇이 중요하다고 생각합니까?

가 다음은 가은 씨의 오빠와 남자 친구입니다. 해당되는 것을 찾아서 줄을 그으십시오.

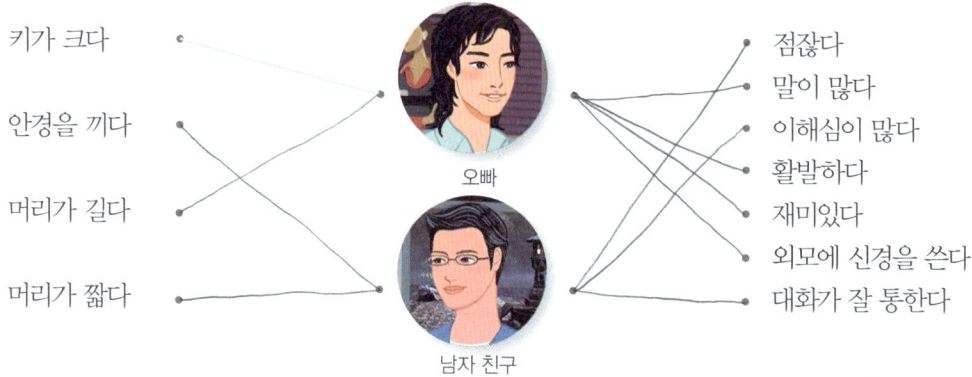

키가 크다
안경을 끼다
머리가 길다
머리가 짧다

오빠
남자 친구

점잖다
말이 많다
이해심이 많다
활발하다
재미있다
외모에 신경을 쓴다
대화가 잘 통한다

나 묻고 대답하십시오.

1. 가은이 오빠하고 남자 친구의 외모는 어떻게 달라요?
2. 가은이는 남자 친구의 어떤 점이 마음에 든대요?
3. 소영이는 어떤 사람을 좋아한대요?
4. 가은이 오빠하고 남자 친구는 성격이 어떻게 달라요?
5. 가은이는 왜 오빠에게 전화를 했어요?

5과 듣고말하기

다 잘 듣고 빈칸을 채우십시오. 36

소영 : 아! 그 사람이 남자 친구구나!
그 사람 어떤 점이 마음에 들어?
가은 : 1. _첫인상_ 이 좋았어. 그리고 만나 보니까
조용하고 2. _점잖은_ 편이라서 좋아.
난 우리 오빠처럼 말이 많은 남자는 별로 안 좋아하거든.
소영 : 왜? 난 활발하고 3. _유머 감각_ 이 있는 사람이
좋은데……. 그리고 잠깐 봤지만 오빠가 잘생겨서
인기도 많을 것 같아.

라 잘 듣고 따라하십시오. 37

1. 어떻게 알았어?
2. 외모에 얼마나 신경을 쓰는데.

마 다음 요약문을 완성하십시오.

지난 토요일에 소영이는 극장에 갔어요. 거기에서 가은이와 가은이 오빠, 그리고 가은이 남자 친구를 만났어요. 가은이는 남자 친구가 _조용하고 점잖은 편이라_ 서 마음에 들었어요. 소영이는 가은이의 오빠처럼 _활발하고 유머 감각이 있는_ 사람을 좋아해요. 그래서 가은이는 소영이한테 오빠를 소개하려고 오빠에게 전화를 해요.

듣기 후

가 해 봅시다.

같이 이야기해 보세요.
첫사랑에 대해서 이야기하려면 〈1〉번, 만나고 싶은 이성 친구에 대해서 이야기하려면 〈2〉번을 하세요.

〈1〉 첫사랑
1. 외모가 어땠어요?
2. 성격이 어땠어요?
3. 뭐가 마음에 들었어요?

〈2〉 만나고 싶은 이성 친구
1. 외모는 어떤 사람을 만나고 싶어요?
2. 성격은 어떤 사람을 만나고 싶어요?
3. _____

나 써 봅시다.

'해 봅시다'에서 이야기한 내용을 써 보세요.

5과 읽고 말하기

가은이는 정말 입이 무거워

읽기 전

● 우리 반 친구들 중에서 누가 생각나요?

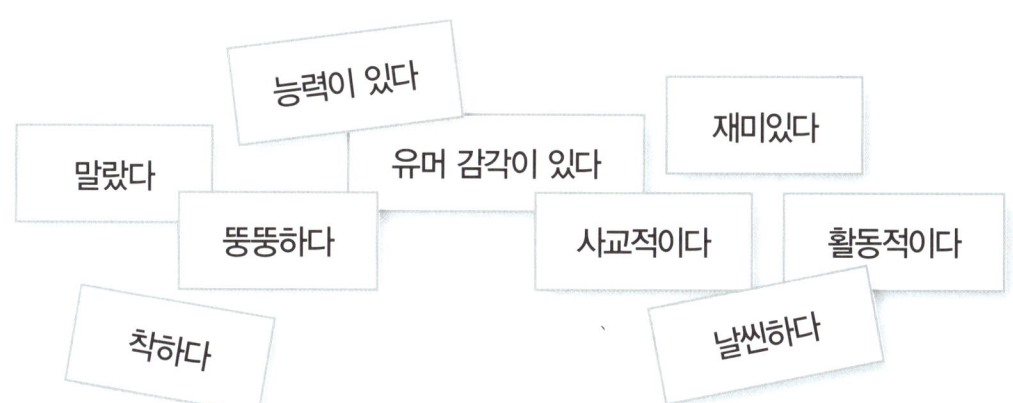

생각이 깊다
체격이 좋다
적극적이다
조용하다
비밀을 잘 지킨다

능력이 있다
재미있다
말랐다
유머 감각이 있다
뚱뚱하다
사교적이다
활동적이다
착하다
날씬하다

5과 읽고 말하기

읽기

● 보민, 소영, 동규가 좋아하는 사람에 대해서 소개합니다.
  이 사람들의 성격은 어떻습니까?

보민

미나 누나는 성격이 밝고 이야기도 재미있게 해서 같이 있으면 기분이 좋아져. 또 키도 크고 날씬해서 어떤 옷을 입어도 잘 어울려. 미나 누나는 성격도 좋고 외모도 멋있어서 남자 친구가 많을 것 같은데 이상하게 없어.

그래서 좋은 사람을 소개해 주려고 어떤 사람이 좋냐고 물어보니까 착하고, 능력이 있고 유머 감각이 있고 키가 크고 체격이 좋지만 뚱뚱하지 않은, 그리고 노래도 잘 부르는 남자가 좋다고 했어. 미나 누나는 눈이 높아서 남자 친구가 없는 것 같아.

소영

가은이는 내 제일 친한 친구야. 하지만 우리는 성격이 아주 달라. 나는 활발하고 말을 많이 하는 편인데 가은이는 조용하고 생각을 깊게 하는 편이야. 그래서 고민이 있을 때 가은이한테 이야기를 하면 가은이는 그때마다 잘 들어 줘.

그리고 내가 비밀이라고 하면 다른 사람들한테 절대 이야기하지 않아. 정말 입이 무거워. 내 이야기를 잘 들어 주고 비밀도 잘 지켜 주는 가은이는 내가 힘들 때 제일 먼저 생각나는 친구야.

5과 읽고말하기

내가 제일 좋아하는 사람은 진호 형이야. 나는 그 형을 패러글라이딩 동호회에서 만났어. 진호 형은 인터넷 사업을 하는 사장님이야. 성격이 적극적이고 활동적이라서 일도 열심히 하고 여러 가지 취미 활동도 많이 하고 있어. 그 형은 언제 어디에 가도 쉽게 친구를 사귀는 것 같아. 아주 사교적인 사람이야. 일을 하고 취미 활동을 하는 동안에 만난 사람들한테서 명함을 1,000장이 넘게 받았대. 진짜 발이 넓어서 다양한 사람들을 많이 알고 있어.

동규

가 알맞은 것을 찾아서 줄을 그으십시오.

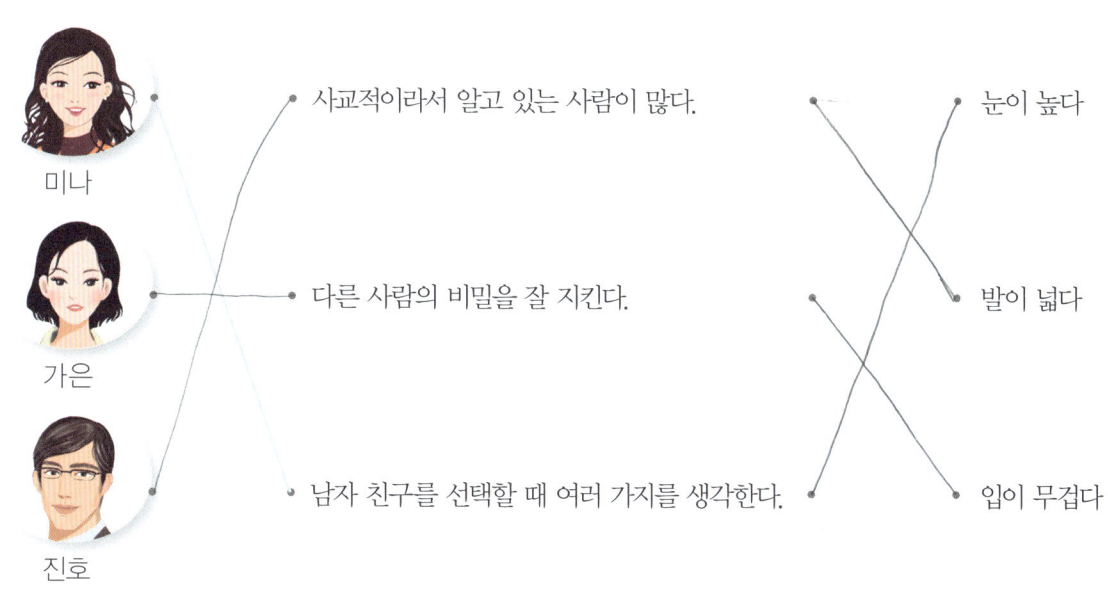

미나 · · 사교적이라서 알고 있는 사람이 많다. · · 눈이 높다

가은 · · 다른 사람의 비밀을 잘 지킨다. · · 발이 넓다

진호 · · 남자 친구를 선택할 때 여러 가지를 생각한다. · · 입이 무겁다

5과 읽고 말하기

나 묻고 대답하십시오.

1. 보민이가 이야기한 미나 씨의 성격과 외모는 어때?
2. 미나 씨는 어떤 남자를 좋아한대?
3. 소영이와 가은이는 성격이 어떻게 달라?
4. 소영이는 왜 가은이에게 고민을 이야기해?
5. 동규가 좋아하는 진호 씨는 성격이 어때?
6. 동규는 진호 씨가 왜 발이 넓다고 했어?

다 소리 내서 읽어 보십시오.

1. 나는 활발하고 말을 많이 하는 편인데 가은이는 조용하고 생각을 깊게 하는 편이야.
2. 언제 어디에 가도 친구를 쉽게 사귀는 것 같아.

라 다음 단어를 이용해서 내용을 요약해 보십시오.

미나 씨	성격이 밝다	외모가 멋있다	눈이 높다	남자 친구
가은 씨	조용하다	생각을 깊게 하다	입이 무겁다	비밀
진호 씨	활동적이다	사교적	발이 넓다	다양한 사람들

1. 미나 씨가 성격이 밝고 외모가 멋있는데 눈이 높아서 남자 친구 아직은 없어요.
2. 가은 씨가 조용하고 생각을 깊게 하는 편이고 비밀을 잘 지켜서 입이 무거워요.
3. 진호 씨가 활동적이고 사교적이라서 발이 넓고 다양한 사람들 알아요.

읽기 후

가 해 봅시다.

우리 반 친구들에 대해서 알아보세요.

- 누가 눈이 높아요?
- 누가 입이 무거워요?
- 누가 발이 넓어요?

나 써 봅시다.

오늘 배운 표현을 이용해서 친구를 소개하는 글을 써 보세요.

문법

1. -다
   저 가수 진짜 멋있다!

2. -아/어 보니까
   원빈을 직접 만나 보니까 영화에서 볼 때보다 멋있었어.

발음

잘 듣고 발음을 확인해 보세요. 39

성격 [성격]
활동적이다
솔직하다

단어 표현

외모와 성격
외모
인상
  첫인상
단발머리
생머리
스포츠형 머리
파마머리

갸름하다
둥글다

날씬하다
뚱뚱하다
마르다
체격이 좋다
통통하다

성격
사교적이다
솔직하다

얌전하다
유머 감각이 있다
이해심이 많다
적극적이다
점잖다
활동적이다

말하기

동사
묘사하다

기타·표현
하루 종일
어떻게 생겼는데?

듣고 말하기

동사
드라이하다
바르다
  무스를 바르다

형용사
잘생기다
  얼굴이 잘생기다

기타·표현
대화가 통하다
안경을 끼다
얼마 전에
이성 친구
어떻게 알았어?
외모에 얼마나 신경을 쓰는데.

읽고 말하기

명사
능력
  능력이 있다
동호회
명함

동사
(-이/가) 넘다
선택하다

형용사
깊다
  생각이 깊다
  생각을 깊게 하다
다양하다

부사
절대

기타·표현
눈이 높다
발이 넓다
입이 무겁다
비밀을 지키다

말할 수 있어요

☐ 가족의 외모를 묘사할 수 있어요.
☐ 친한 친구의 성격을 설명할 수 있어요.

6 문제

학습 목표

말하기
- 문법 p100   -기 때문에
              -았/었으면 좋겠다
              -던데요
- 대화 p104   문제 설명하기
              도움 요청하기
- 과제 p106   문제 해결 방법을 찾아보세요

듣고 말하기
- p108   무엇이 불편하십니까?

읽고 말하기
- p111   A/S 센터가 없어서 불편해요

6과 말하기

문법1

-기 때문에

💬 1. 그림을 보고 말해 보세요.

① 태풍 때문에 여행을 못 갔어요.

② 기말 시험 때문에 스트레스가 많아요.

③ 감기 때문에 머리가 많이 아파요.

④ 오토바이 때문에 시끄러워요.

6과 말하기
문법1

2. 그림을 보고 말해 보세요.

① 축제 기간이 기 때문에 복잡해요.
축제 기간이다

② 야채가 비싸 기 때문에 살 수 없어요.
야채가 비싸다

③ 매운 음식을 못 먹 기 때문에 한국 생활이 힘들어요.
매운 음식을 못 먹다

④ 늦게 잤 기 때문에 못 일어났어요.
늦게 잤다

여러분의 이유를 메모한 다음에 친구들 앞에서 발표해 보세요.

한국어를 공부하는 이유

1.

2.

3.

○○ 씨를 좋아하는 이유

1.

2.

3.

_____ 에 자주 가는 이유

1.

2.

3.

어제 숙제를 못 한 이유

1.

2.

3.

6과 말하기 문법2

-았/었으면 좋겠다

학교 도서관에 책이 별로 없는 것 같아요.

네, 맞아요. 책이 더 많았으면 좋겠어요.

연습해 보세요.

1. A 형제가 몇 명이에요?
   B 저 혼자예요. _동생이 있었으면 좋겠어요_.
   동생이 있다

2. A 학교 식당이 좀 비싼 것 같아요.
   B 네, 맞아요. 좀 _쌌으면 좋겠어요_.
   싸다

3. A 춤 잘 추세요?
   B 저는 춤 잘 못 춰요. _잘 췄으면 좋겠어요_.
   잘 추다

4. A 오늘 날씨가 많이 춥지요?
   B 네, 내일은 날씨가 _따뜻했으면 좋겠어요_.
   따뜻하다

5. A 아파트 생활이 편리하지요?
   B 네, 편리하긴 하지만 사람들이 많아서 좀 시끄러워요.
   조용한 주택가에서 살았으면 좋겠어요.
   조용한 주택가에서 살다

반 친구들의 희망 사항을 조사해 보세요.

	질문	대답
1	✓수업	게임을 자주 하다.
2	숙제	
3	시험	
4	반 친구들	
5		

수업에 대한 희망 사항이 있어요?

수업에서 게임을 더 자주 했으면 좋겠어요.

6과 말하기

문법3 -던데요

연습해 보세요.

✓짜다 부르다 ✓하다 ✓작다 먹다

① A 회사 바로 앞에 있는 한정식 식당이 맛있다고 들었어요.
   B 제가 거기에서 먹어 보니까 좀 짜던데요 .

② A 신촌에 새로 생긴 수영장이 깨끗하고 크대요.
   B 글쎄요, 제가 거기에 가 보니까 수영장이 좀 작던데요 .

③ A 한스 씨가 아직 한국어를 잘 못하는 것 같아요.
   B 제가 한스 씨하고 얘기해 보니까 잘 하던데요 .

④ A 보민 씨가 요즘 목이 아파서 노래를 잘 못 부른대요.
   B 제가 어제 보민 씨 노래를 들어 보니까
     잘 부르던데요 .

⑤ A 렌핑 씨는 매운 음식을 못 먹는 것 같아요.
   B 제가 렌핑 씨하고 같이 식사해 보니까
     매운 음식을 잘 먹던데요 .

같이 이야기해 보세요.

✓원룸 / 하숙집   인사동 / 명동
백화점 / 시장   지하철 / 버스

원룸하고 하숙집 중에서 어디가 더 좋아요?

저는 하숙집이 친구를 많이 사귈 수 있어서 좋던데요.

저는 하숙집에서 살 때 공동생활을 해야 해서 불편하던데요.

6과 말하기

문제 설명하기

대화1 학교에서 불편한 점을 고쳐 달라고 할 때 어떻게 말합니까?

직원 어서 오십시오. 무슨 일로 오셨어요?
한스 불편한 점이 있어서 왔는데 여기에 얘기해도 돼요?
직원 네, 말씀하십시오.
한스 저, 휴게실이 있었으면 좋겠어요.
직원 휴게실이요?
한스 네, 휴게실이 없어서 편하게 쉴 수 없기 때문에 좀 불편해요.
직원 네, 알겠습니다.
       회의를 한 후 결과를 알려 드리겠습니다.
       이름과 연락처를 남겨 주세요.

다음을 이용해서 대화를 만들어 보세요

- 학교 / 휴게실이 없어서 불편합니다.
- 기숙사 / 현금 인출기가 없어서 불편합니다.
- 박물관 / 음료수 자판기가 없어서 불편합니다.

학교에서 불편한 점이 있으면 이야기해 보세요.

6과 말하기

도움 요청하기
대화2

복사기를 사용하려고 하는데 복사가 안 될 때 어떻게 물어봅니까?

한스   저, 이 복사기를 어떻게 사용하는지 아세요?
카밀라   여기에 원본을 놓고 시작 버튼을 누르면 돼요.
한스   눌러도 안 되던데요.
카밀라   그래요? 그럼, 제가 한번 해 볼까요?
한스   감사합니다.
카밀라   어, 정말 복사기가 안 되네요.
한스   이상하지요? 왜 그럴까요?
카밀라   토너가 떨어졌기 때문에 안 되는 것 같아요.

복사기 여기에 원본을 놓고 시작 버튼을 누르다 / 토너가 떨어졌다	스캐너 여기에 사진을 놓고 스캔 버튼을 누르다 / 연결이 잘못되어 있다
팩스 여기에 서류를 넣고 전화번호를 누르다 / 상대방이 통화중이다	프린터 인쇄할 페이지를 정하고 인쇄 버튼을 클릭하다 / 종이가 걸렸다

활용해 보세요

한 명은 회사 직원, 한 명은 신입 사원이 돼서 역할극을 해 보세요.

6과
과제: 문제 해결 방법을 찾아보세요

준비
동아리에서 다음 주에 엠티를 가려고 준비하고 있습니다. 그런데 엠티를 신청한 사람이 적어서 문제가 생겼습니다. 학생들이 신청하지 않은 이유를 알아보세요.

우리 엠티 가요~
사진 동아리에서 엠티를 갑니다.
같이 갑시다!

시간 : 10월 6일 (금) ~ 10월 8일 (일)
장소 : 경상남도 통영
회비 : 15만원
프로그램 : 세미나, 등산, 사진 찍기

작년에 재미없었다.					
시험 기간이다.					

활동
1. 엠티를 준비하는 사람들이 이 문제를 해결하려고 모입니다.
2. 소그룹별로 문제 해결 방법을 찾아보세요.

정리
문제 해결 방법을 발표해 보세요.

6과 과제

산따라 물따라

실제 생활에서는 이렇게 말할 수 있어요 🎧 42

A 다음 주 주말에 엠티를 가야 하는데, 신청한 사람이 적어서 걱정이에요.

B 엠티 장소가 너무 멀기 때문인 것 같아요. 그러니까 좀 더 가까운 곳으로 엠티를 갔으면 좋겠어요.

C 지금 엠티 장소가 멀긴 하지만 교통은 편리하던데요.

D 제 생각도 가은이와 비슷해요. 지금 엠티 장소를 바꾸면 다시 연락을 해야 하는데 그건 너무 큰일이에요.

A 그럼, 어떻게 하지요? 좋은 생각이 있어요?

B 프로그램을 좀 더 재미있게 만들었으면 좋겠어요. 작년에 재미없었기 때문에 엠티에 가고 싶지 않다고 말한 사람들이 있었어요.

6과 듣고말하기: 무엇이 불편하십니까?

🎧 듣기 전

기계가 고장 난 적이 있었습니까?

기계가 고장 났을 때 어떻게 했습니까?

- 직접 수리하다
- 플러그를 콘센트에 꽂다
- 파워 버튼을 눌러 보다
- 서비스 센터에 전화하다

6과 듣고말하기

 🎧 듣기 💿 43

● 컴퓨터에 문제가 있어서 투안 씨가 A/S 센터에 전화를 합니다.
투안 씨 컴퓨터에 어떤 문제가 있습니까?

가 대화를 들으면서 상담원이 말한 순서대로 번호를 쓰십시오.

1. "죄송하지만 내일 두 시가 제일 빠른 시간입니다."
2. "서비스 기사를 보내 드릴까요?"
3. "컴퓨터 플러그를 확인해 보시겠습니까?"
4. "연락 가능한 번호도 하나 알려 주시겠습니까?"
5. "파워 버튼을 좀 오랫동안 눌러 보시겠습니까?"
6. "혹시 집에서 가까운 서비스 센터에 직접 가 보시겠습니까?"

나 묻고 대답하십시오.

1. 투안 씨 컴퓨터에는 무슨 문제가 있어요?
2. 상담원은 투안 씨에게 어떻게 해 보라고 했어요?
3. 상담원은 서비스 기사를 투안 씨 집에 보내려고 무엇을 물어봤어요?
4. 투안 씨는 왜 오늘 컴퓨터를 고쳐야 해요?
5. 오늘 A/S를 받으려면 어떻게 해야 돼요?
6. 투안 씨가 어떻게 할 것 같아요? 자기 생각을 말해 보세요.

6과 듣고말하기

다 잘 듣고 빈칸을 채우십시오. 44

상담원 : 컴퓨터에 어떤 문제가 있습니까?
투안　 : 컴퓨터가 안 1. _켜져요_____.
상담원 : 컴퓨터 플러그를 확인해 보시겠습니까?
투안　 : 네, 플러그를 콘센트에 2. _꽂았어요___.
상담원 : 그럼, 파워 버튼을 좀 오랫동안
　　　　　 3. _눌러_____ 보시겠습니까?
투안　 : 그것도 열 번쯤 해 봤어요.

라 잘 듣고 따라하십시오. 45

1. 컴퓨터가 고장 나서 전화 드렸는데요.
2. 그래 주셨으면 좋겠어요.

마 다음 요약문을 완성하십시오.

투안 씨는 컴퓨터가 _고장 나/안 켜져_ 서 A/S 센터에 전화를 했어요. 상담원은 투안 씨에게 _____고 했어요. 그래서 투안 씨는 그렇게 했지만 컴퓨터는 계속 켜지지 않았어요. 투안 씨는 _준비해야 되는 서류 있_ 기 때문에 서비스 기사가 오늘 왔으면 좋겠다고 했어요. 하지만 상담원은 오늘 안 된다고 하면서 _직접 서비스 센터 가보라_ 고 했어요.

듣기 후

가 해 봅시다.

아래 그림을 이용해서 상담원과 투안의 대화를 해 보세요.

나 써 봅시다.

'해 봅시다'에서 한 대화를 써 보세요.

6과 읽고말하기

A/S 센터가 없어서 불편해요

읽기 전

백화점을 이용할 때 불편한 점이 있었습니까? 그때 어떻게 했습니까?

고객 상담실에 가서 이야기합니다. ☐

백화점 홈페이지에 글을 올립니다. ☐

많이 생각하지 않고 무시합니다. ☑

읽기

● 다음 불만 글을 읽고 알맞은 제목을 찾으십시오.

1. 양이 너무 많아요.

2. A/S 센터가 너무 멀어요.

3. 몽골어로 된 안내서가 없어요.

6과 읽고말하기

가

신라 전자
제목: A/S 센터가 너무 멀어요
작성자: 한스

3개월 전에 휴대 전화를 구입한 사람입니다. 기능도 많고 디자인도 좋아서 잘 쓰고 있었습니다. 그런데 얼마 전에 실수로 휴대 전화를 물에 빠뜨려서 휴대 전화가 고장 났습니다. 그래서 인터넷으로 A/S 센터가 어디에 있는지 찾아봤습니다. 제가 신촌에 살고 있는데 이 근처에는 A/S 센터가 없었습니다. 할 수 없이 30분이나 버스를 타고 A/S 센터로 갔는데 사람들이 너무 많아서 거기에서도 한 시간이나 기다렸습니다. A/S 센터가 별로 많지 않기 때문에 기다리는 사람들이 많은 것 같았습니다. 휴대 전화를 고치기는 했지만 기다리는 시간과 오고 가는 시간이 너무 많이 걸려서 불편했습니다. 신촌에도 A/S 센터가 있었으면 좋겠습니다.

나

서울 백화점
제목: 양이 너무 많아요
작성자: 김미나

안녕하세요? 저는 혼자 살고 있는 미혼여성입니다. 저는 서울 백화점을 자주 이용하는데 백화점 슈퍼마켓에서 야채를 살 때 곤란할 때가 많습니다. 저는 혼자 살기 때문에 많은 양이 필요 없는데, 포장되어 있는 야채의 양이 너무 많습니다. 그래서 남아서 버릴 때가 많습니다. 예를 들면 콩나물이나 두부를 사면 3분의 2 이상을 버리게 됩니다. 저 같은 사람들을 위해서 적은 양도 포장해서 팔았으면 좋겠습니다.

6과 읽고말하기

다

민속 박물관

제목: 몽골어로 된 안내서가 없어요

작성자: 문크바이르

저는 한국에 온 지 1년 된 몽골 사람입니다. 제 전공이 한국 역사이기 때문에 민속 박물관에 가끔 가는데 영어나 일본어로 된 안내서는 있지만 몽골어 안내서는 없습니다. 저는 한국어를 알기 때문에 괜찮은데 몽골에서 제 친구들이나 가족들이 오면 몽골어 안내서가 없기 때문에 불편합니다. 물론 영어를 쓰는 사람이나 일본 사람보다 몽골 사람이 적은 것은 사실이지만 그래도 몽골어로 된 안내서가 있었으면 좋겠습니다. 여러 나라 말로 된 안내서가 있으면 외국인들이 더 편하게 박물관을 관람할 수 있을 것 같습니다.

 46

가 다음 중에서 맞는 것을 고르십시오.

신라 전자 (한스)	서울 백화점 (김미나)	민속 박물관 (문크바이르)
1. A/S 센터에서 별로 기다리지 않았다.	1. 야채가 남아서 버린다.	1. 영어와 일본어 안내서가 없다.
2. 신촌에 A/S 센터가 없다.	2. 포장된 양이 너무 적다.	2. 몽골어 안내서가 필요하다.

6과 읽고말하기

나 묻고 대답하십시오.

1. 한스 씨 휴대 전화가 왜 고장 났어요?
2. 한스 씨는 휴대 전화를 고치면서 뭐가 불편하다고 생각했어요?
3. 김미나 씨는 서울 백화점 슈퍼마켓을 이용할 때 뭐가 곤란하다고 했어요?
4. 김미나 씨가 원하는 것은 뭐예요?
5. 문크바이르 씨를 소개해 보세요.
6. 문크바이르 씨는 박물관을 관람할 때 뭐가 있었으면 좋겠다고 생각해요?

다 소리 내서 읽어 보십시오.

1. A/S 센터가 별로 많지 않기 때문에 기다리는 사람들이 많은 것 같았습니다.
2. 몽골어로 된 안내서가 있었으면 좋겠습니다.

라 다음 단어를 이용해서 내용을 요약해 보십시오.

한스 씨	휴대 전화	물에 빠뜨리다	고장 나다	A/S 센터가 없다	불편하다
미나 씨	야채의 양	너무 많다	적은 양	포장하다	팔다
문크바이르 씨	민속 박물관	몽골어 안내서	가족	불편하다	여러 나라 말

읽기 후

가 해 봅시다.

김미나 씨가 직접 고객 센터로 가서 이야기합니다. 김미나 씨와 서울 백화점 직원과의 대화를 해 보세요.

직원 : 어서 오십시오. 무엇이 불편하십니까?
김미나 : _____

나 써 봅시다.

'해 봅시다'에서 한 대화를 써 보세요.

 **문법**

1. -기 때문에
   길이 막히기 때문에 약속 시간에 늦을 것 같아요.

2. -았/었으면 좋겠다
   학교 컴퓨터실에 컴퓨터가 더 많았으면 좋겠어요.

3. -던데요
   제가 용산 전자 상가에 가 보니까
   학교 앞보다 휴대 전화가 비싸던데요.

 발음   잘 듣고 발음을 확인해 보세요. 47

신라 [실라]
곤란하다
관람하다

단어 표현

문제

기계
가전제품
복사기
스캐너

콘센트
   콘센트에 꽂다
파워 버튼
플러그

연결이 잘못되어 있다
종이가 걸리다
컴퓨터가 안 켜지다
토너가 떨어지다

고객
고객 상담실
상담원

무엇을 도와 드릴까요?
연락 가능한 번호를
알려 주시겠습니까?
이름과 연락처를
남겨 주세요.

친절하게 모시겠습니다.

말하기

명사
결과
상대방
원본

동사
누르다
인쇄하다
클릭하다

기타·표현
통화 중
현금 인출기

듣고 말하기

명사
기타
모델명
시기
   구입 시기
지역

동사
구입하다
(-을/를) (-와/과) 연결하다
확인하다

형용사
가능하다

기타·표현
서비스 기사
(-이/가) 저장되어 있다
그래 주셨으면 좋겠어요.
어떻게 하지?

읽고 말하기

명사
기능
두부
디자인
사실
실수
   실수로
안내서
양
   양이 많다
여성
콩나물

동사
관람하다
(-이/가) 남다
   음식이 남다
무시하다
올리다
   글을 올리다
포장하다

형용사
곤란하다

기타·표현
물에 빠뜨리다
예를 들면
오고 가다
(-이/가) 포장되어 있다
할 수 없이

 **말할 수 있어요**

☐ 문제가 생겼을 때 그 문제에 대해서 설명할 수 있어요.
☐ 불편한 점이 있을 때 개선해 달라고 요청할 수 있어요.

7 일

학습 목표

말하기
- 문법 p118: -다면서요?
  -을 텐데 걱정이다
- 대화 p120: 걱정 표현하기
  구직 정보 구하기
- 과제 p122: 아르바이트를 구해 보세요

듣고 말하기
- p124: 방학 동안 인턴사원으로 일했어

읽고 말하기
- p127: 10년 후 뜨는 직업

7과 말하기 문법1 -다면서요?

연습해 보세요.

① A 윤호 씨가 요즘 <u>바쁘다면서요</u>?
　B 네, 요즘 일이 많아서 바빠요.

② A 윤호 씨가 <u>아프다면서요</u>?
　B 네, 감기에 걸려서 많이 아파요.

③ A 투안 씨, 하루에 세 시간씩 <u>운동한다면서요</u>?
　B 네, 하루에 세 시간씩 운동해요.

④ A 투안 씨, 매운 음식을 못 <u>먹는다면서요</u>?
　B 네, 매운 음식을 못 먹어요.

⑤ A 투안 씨, <u>이사했다면서요</u>?
　B 네, 지난 주말에 이사했어요.

여러분들이 들은 이야기를 친구에게 확인해 보세요.

✓ __상우__ 씨가 다음 달에 직장을 옮겨요.
　____ 씨가 다음 학기에 쉬어요.
　____ 씨가 잠이 많아요.

윤호 : 상우 씨가 직장을 옮긴다면서요?
한스 : 아닌데요. 누가 그래요?
윤호 : 카밀라 씨한테서 들었어요.

✓ __지훈__ 씨가 취직했어요.
　____ 씨가 승진했어요.
　____ 씨가 다음 달에 결혼할 거예요.

미나 : 지훈 씨가 취직했다면서요?
앤디 : 네. 어떻게 알았어요?
미나 : 친구한테서 들었어요.

7과 말하기 문법2

-을 텐데 걱정이다

p24

다음 주에 면접을 본다면서요?

네, 대답을 잘해야 할 텐데 걱정이에요.

묻고 대답해 보세요.

① A 회사를 옮긴다면서요?
   B 네, 새 직장에 <u>잘 적응해야 할 텐데 걱정이에요</u>.
      잘 적응해야 하다

② A 다음 달에 이사해야 한다면서요?
   B 네, 좋은 집을 <u>구해야 할 텐데 걱정이에요</u>.
      구해야 하다

③ A 앤디 씨가 아프다면서요?
   B 네, 빨리 <u>나아야 할 텐데 걱정이에요</u>.
      나아야 하다

④ A 차가 고장 났다면서요?
   B 네, 고치려면 <u>비쌀 텐데 걱정이에요</u>.
      비싸다

⑤ A 저녁 약속 있다면서요?
   B 네, 그런데 지금 출발해도 길이 막혀서 <u>늦을 텐데 걱정이에요</u>.
      늦다

같이 이야기해 보세요.

✓다음 주에 시험이 있어요.	주말에 집들이해요.
요즘 많이 바빠요.	부모님께서 한국에 오세요.
오늘 오후에 축구해요.	요즘 아르바이트를 찾아요.

다음 주에 시험이 있다면서요?

네, 이번에는 시험을 잘 봐야 할 텐데 걱정이에요.

7과 말하기

걱정 표현하기

대화1 회사에서 새로운 일을 시작하는 동료에게 어떻게 격려합니까?

한스 씨라면 잘할 수 있을 거예요.

미나 　한스 씨, 이번에 새로운 프로젝트를 시작한다면서요?
한스 　네, 그래서 좀 바빠질 것 같아요.
미나 　그래도 능력을 인정받아서 좋으시겠어요.
한스 　글쎄요, 일을 잘해야 할 텐데 걱정이에요.
미나 　한스 씨라면 잘할 수 있을 거예요. 걱정하지 마세요.
한스 　그렇게 말씀해 주셔서 감사합니다.
미나 　필요한 게 있으면 언제든지 말씀하세요. 제가 도와드릴게요.

다음을 이용해서 대화를 만들어 보세요

새로운 프로젝트를 시작하다	일을 잘해야 하다
미국으로 출장 가다	일이 잘돼야 하다
홍보를 담당하게 됐다	잘 진행돼야 하다
신입 사원 교육을 맡게 됐다	잘 가르쳐야 하다

활용해 보세요
친구가 새로운 일을 시작합니다. 격려해 주세요.

7과 말하기

구직 정보 구하기

대화2

선배한테서 취직에 대한 조언을 듣고 싶을 때 어떻게 말합니까?

보민 형, 오랜만이에요. 학교에 웬일이에요?
시훈 어, 교수님 좀 뵈러 왔어.
보민 참, 형, 신문사에 취직했다면서요?
시훈 어, 그래. 들었어?
보민 네, 정말 축하해요. 저도 취직해야 할 텐데 걱정이에요.
시훈 걱정하지 마. 지금부터 준비하면 돼.
보민 그런데, 형, 신문사에서 일하려면 어떻게 준비해야 돼요?
시훈 전공 공부도 열심히 하고 미리 시험 준비도 하는 게 좋을 거야.

선배가 신문사에 취직했습니다.
그 선배에게 신문사 취직 방법에 대해서 물어봅니다.
　　　시험 준비를 하다

선배가 보험 회사에서 일하게 됐습니다.
그 선배에게 보험 회사 취직 방법에 대해서 물어봅니다.
　　　자격증을 따다

선배가 광고 회사로 직장을 옮겼습니다.
그 선배에게 광고 회사 취직 방법에 대해서 물어봅니다.
　　　인턴사원을 해 보다

활용해 보세요
친구들이 전에 어떤 일을 했는지, 그리고 그 일을 하려면 어떻게 해야 하는지 물어보세요.

7과 과제: 아르바이트를 구해 보세요

준비

1. 아르바이트생을 구하는 구인 광고를 만들어 보세요.
2. 자기가 만든 구인 광고를 친구들한테 간단히 소개해 보세요.

번역
한국어, 영어 번역 경험자 모집
세종 번역 705-8734

강사
일본어 강사 두 번 / 일주일
열린 학원 336-6569

서빙
호프집 서빙 저녁 아홉 시 ~ 새벽 두 시
비어플러스 667-4895

활동

1. 아르바이트를 구하는 학생 그룹 A와 아르바이트생을 찾는 회사 직원 그룹 B로 나누세요.
2. A는 구인 광고를 보고 회사에 어떻게 문의해야 할지 생각해 보세요.

   | 일의 종류 | 보수 | 근무 시간 | 위치 |

3. B는 문의 전화를 받고 이에 대해서 설명합니다. 여러 명과 전화 대화를 한 다음에 마음에 드는 아르바이트생을 찾아보세요.

정리

친구와 함께 마음에 드는 아르바이트에 대해서 이야기해 보세요.

- 아르바이트를 구한다면서요?
- 네, 여기저기 알아봤어요. 그중에서 번역 회사가 근무 시간도 자유롭고 보수도 좋아서 거기에서 일했으면 좋겠어요. 연락이 와야 할 텐데 걱정이에요.

7과 과제

게시판

아르바이트 모집

근무시간 자유
00명 모집
연락 주세요
00-0000-0000

실제 생활에서는 이렇게 말할 수 있어요 50

A 구인 광고 보고 전화 드렸는데요.
  사람 구하셨어요?
B 아니요, 아직 못 구했는데요.
A 무슨 일을 하는 거예요?
B 영어를 한국어로 번역하는 거예요.
  해 본 적 있으세요?
A 네, 전에 많이 해 봤으니까 잘할 수 있을 거예요.
  그런데 근무 시간이 어떻게 돼요?
B 근무 시간은 특별히 없고 정해진 시간에 끝내면 돼요.
A 보수는 어떻게 돼요?
B 하루에 8만원입니다.
  ……
B 이름하고 연락처를 알려 주시면 나중에 연락 드릴게요.

7과 듣고말하기: 방학 동안 인턴사원으로 일했어

듣기 전

취직하려면 무슨 준비를 해야 합니까?

1. 외국어 공부를 열심히 해야 한다. ☐
2. 자격증을 따야 한다. ☐
3. 인턴사원으로 회사에서 일해야 한다. ☐
4. 다양한 경험을 쌓아야 한다. ☐

언제부터 취직 준비를 하는 것이 좋습니까?

7과 듣고말하기

 듣기 51

● 렌핑 씨와 가은 씨가 대학교에서 우연히 만났습니다.
   방학 때 렌핑 씨는 무슨 일을 했습니까?

가 맞으면 ○, 틀리면 × 하십시오.

1. 렌핑 씨는 중국에 물건을 주문하고 서류를 만드는 일을 했다. (×)
2. 렌핑 씨는 일할 때 도움을 별로 받지 못했다. (×)
3. 인턴사원으로 일하려면 학교 공부와 외국어 공부에 신경 써야 한다. (○)
4. 인턴사원으로 일하고 싶은 사람은 많지 않다. (×)
5. 인턴사원으로 열심히 일하면 나중에 정식 사원으로 일할 수도 있다. (○)

나 묻고 대답하십시오.

1. 렌핑 씨와 가은 씨는 방학을 어떻게 보냈어요?
2. 렌핑 씨는 인턴사원으로 일할 때 무슨 일을 했어요?
3. 렌핑 씨가 가은 씨한테 왜 인턴사원으로 일해 보라고 했어요?
4. 회사는 어떤 사람을 인턴사원으로 채용해요?
5. 인턴사원의 경쟁률이 높은 이유가 뭐예요?

7과 듣고말하기

다 잘 듣고 빈칸을 채우십시오. 52

가은: 오빠, 인턴사원으로 일하려면 어떻게 준비해야 해요?
렌핑: 회사에서는 학점도 좋고 외국어도 잘하는 사람을 1._____
 학교 공부도 열심히 하고 외국어 공부도 2._____ 하는 게 좋을 거야.
가은: 준비할 게 많네요.
렌핑: 응, 3._____ 요즘 인턴사원을 하려고 하는 사람이 많아서 4._____ 도 높아.

라 잘 듣고 따라하십시오. 53

1. 정식 사원하고 다를 것이 없었겠네요.
2. 외국어 공부도 신경 써서 하는 게 좋을 거야.

마 다음 요약문을 완성하십시오.

가은 씨는 방학 동안 _____, 렌핑 씨는 _____. 가은 씨가 인턴사원으로 일하려면 어떤 준비를 해야 하는지 물어보니까 렌핑 씨는 _____ 라고 했어요. 그리고 _____ 기 때문에 경쟁률이 높다고 했어요.

듣기 후

가 해 봅시다.

같이 이야기해 보세요.
아르바이트를 하거나 직장에 다녀 본 적이 있어요? 일할 때 어땠어요?

나 써 봅시다.

일해 본 경험에 대해서 써 보세요.

7과 읽고말하기

10년 후 뜨는 직업

읽기 전

10년 후에는 어떤 직업이 인기가 있을까요?

애견 미용사

의사

컴퓨터 게임 프로그래머

선생님

7과 읽고 말하기

읽기

● 윤지수 씨의 직업은 무엇입니까?

뜨는 직업 (3)   여행 상품 기획가

이번 주에는 '뜨는 직업 베스트 5'의 세 번째 직업인 '여행 상품 기획가'를 만나기 위해 '가자 여행사'를 찾았다.

맑은 바닷물과 파란 하늘의 휴양지 사진이 있는 사무실에서 윤지수(30, 여) 씨가 30분 동안 전화 상담을 하고 있다. 로마로 신혼여행을 예약한 고객이 갑자기 호텔을 바꿔 달라고 했기 때문이다. 로마를 몇 번 갔다 온 윤 씨는 여행 일정을 다시 확인한 후 "호텔을 바꾸는 것은 어렵지 않지만 지금 예약하신 호텔이 시내에서 가까워서 더 편하실 거예요. 호텔을 바꾸면 여행 중에 택시를 많이 타게 돼서 불편하고 돈도 더 많이 듭니다."라고 했다. (2)

로마의 교통과 호텔에 대해 잘 알고 있는 윤 씨는 경력 3년차의 여행 상품 기획가다. 고객의 연령, 성별, 직업, 여행 목적에 맞는 여행지를 선택하고 일정과 호텔, 식당 등을 추천하는 것이 여행 상품 기획가의 일이다. (4)

가 여행 상품 기획가에 대한 설명으로 맞는 것에 ✓ 하십시오.

1. 고객에게 맞는 여행지를 선택하고 호텔과 식당 등을 추천한다. (✓)
2. 여행 상품을 기획하기 위해 보통 인터넷으로 정보를 찾는다. (✗)
3. 외국어를 할 줄 알아야 하고 서비스 정신도 필요하다. (✓)
4. 여행 상품 기획가가 되려면 대학에서 여행과 관계된 전공을 공부해야 한다. (✗)
5. 여행사에 들어가면 바로 여행 상품 기획가가 될 수 있다. (✗)

7과 읽고 말하기

윤 씨는 경영학을 전공하고 은행에서 일을 했지만, 5년 전 직장을 그만두고 6개월 동안 유럽을 돌아다니면서 여행과 관계된 일을 하고 싶다고 생각했다. 그 후 한국으로 돌아와서 여행사에 취직했고 재작년부터 여행 상품 기획가로 일하고 있다. 고객에게 잘 맞는 여행 상품을 추천하기 위해 직접 해외를 다니면서 여행 상품을 기획하는 것이 매우 즐겁다고 했다.

그는 오는 22일에도 여행 상품을 기획하기 위해 동유럽으로 떠난다. "동유럽으로 가서 수십 개의 호텔과 관광지를 보면서 사진을 찍어야 합니다. 그리고 음식은 맛이 있는지, 쇼핑센터에서 파는 물건은 괜찮은지 확인해야 합니다. 짧은 일정 동안 이 많은 일을 모두 해야 하기 때문에 힘들 때도 있지만, 제가 기획한 상품에 고객이 만족할 때 보람을 느낍니다."라고 윤 씨는 말했다.

그러나 여행사에 들어간 사람이 모두 여행 상품 기획가가 되는 것은 아니다. 여행 상품 기획가가 되려면 보통 여행사에서 2~3년쯤 일반 업무를 하면서 경험을 쌓아야 한다. 또한 여행도 좋아해야 하고 외국어도 할 줄 알아야 한다. 다양한 사람들을 만나야 하는 직업이기 때문에 서비스 정신도 꼭 필요하다. 주 5일제 근무가 시작되면서 여행에 대한 관심이 커지고 있기 때문에 여행 상품 기획가의 미래는 아주 밝을 것으로 예상된다.

김지훈 기자

나 묻고 대답하십시오.

| 윤지수 씨 |
1. 윤지수 씨는 고객에게 왜 호텔을 바꾸지 않는 것이 좋다고 했습니까?
2. 윤지수 씨는 오는 22일 왜 동유럽에 갑니까?
3. 윤지수 씨는 어떻게 여행 상품 기획가가 됐습니까?

| 여행 상품 기획가 |
4. 여행 상품 기획가는 무슨 일을 합니까?
5. 여행 상품 기획가가 되려면 어떻게 해야 합니까?
6. 김지훈 기자는 왜 여행 상품 기획가의 미래가 밝을 것이라고 했습니까?

7과 읽고말하기

다 소리 내서 읽어 보십시오.

1. 로마로 신혼여행을 예약한 고객이 갑자기 호텔을 바꿔 달라고 했기 때문이다.
2. 직장을 그만두고 유럽을 돌아다니면서 여행과 관계된 일을 하고 싶다고 생각했다.

라 다음 단어를 이용해서 내용을 요약해 보십시오.

여행 상품 기획가는 ……

고객	여행지	선택	추천하다
여행사	2~3년	일반 업무	경험을 쌓다
여행	외국어	다양한 사람들	서비스 정신

여행 상품 기획가는 되고 싶으면 외국어를 할 줄 알아야 하고 다양한 사람을 만나야 할 때문에 영어 서비스 정신이 필요해요. 여행 상품 기획가를 고객의 대해 알아서 맞는 여행지를 선택할 거고 식당 등을 추천 해요. 여행 상품 기획가 되려면 여행사에 2~3년쯤 일반 업무를 해야 되고 경험을 쌓기 위에 여행을 가야 돼요.

읽기 후

가 해 봅시다.

어떤 일을 하고 싶은지 이야기해 보세요.

- 여러분은 앞으로 어떤 일을 하고 싶어요?
- 왜 그 일을 하려고 해요?

나 써 봅시다.

앞으로 하고 싶은 일에 대해서 써 보세요.

문법

1. -다면서요?
   윤호 씨가 출장 갔다면서요?

2. -을 텐데 걱정이다
   면접 볼 때 대답을 잘해야 할 텐데 걱정이에요.

발음

잘 듣고 발음을 확인해 보세요. 54

밝다 [박따]	밝을 것으로 [발글]
닭고기	닭이
읽다	읽었어요

단어 표현

일
업무
  일반 업무

교육
마케팅
홍보

프로젝트
담당하다
맡다

인정받다
만족하다
보람을 느끼다

구인 광고
경험자
아르바이트생
인턴사원
정식 사원

모집하다
사람을 뽑다
(-에) 지원하다

(-이/가) (-으로) 채용되다
경쟁률이 높다

말하기
명사
보수
신문사
자격증
  자격증을 따다
조언
  조언을 듣다

동사
격려하다
문의하다
  문의 전화
(-이/가) 정해지다
(-이/가) 진행되다

기타·표현
보험 회사
필요한 게 있으면 언제든지 말씀하세요.
한스 씨라면 잘할 수 있을 거예요.

듣고 말하기
명사
동남아
사회
  사회 경험
  사회생활
해외여행

부사
게다가

기타·표현
경험을 쌓다
긴장이 되다
좋았겠다.

읽고 말하기
명사
경력
관광지
동유럽
목적
미래
상품

여행 상품 기획가
성별
신혼여행
여행지
연령
일정
재작년
정보
휴양지

동사
(-와/과) 관계되다
기획하다
(-이/가) (-으로) 예상되다

부사
또한
매우

기타·표현
3년차
돈이 들다
뜨는 직업
서비스 정신
오는 22일
주 5일제

 **말할 수 있어요**
☐ 일이나 아르바이트해 본 경험에 대해서 말할 수 있어요.
☐ 구인 광고를 보고 전화해서 일에 대해서 문의할 수 있어요.

8
공공 생활

학습 목표

말하기	문법 p134	-은/는데② -을
	대화 p136	우체국 이용하기 은행 이용하기 출입국 관리 사무소 이용하기
	과제 p140	공공장소에 가서 자연스럽게 대화해 보세요
듣고 말하기	p142	안내 말씀 드리겠습니다
읽고 말하기	p145	통행에 불편을 드려서 죄송합니다

8과 말하기
문법1 -은/는데 ②

연습해 보세요.

✓있다 ✓부족하다 ✓좋다 ✓가다 ✓결석하다

① A 선생님! 질문이 _있는데_ 시간 있으세요?
   B 네, 괜찮아요. 말씀하세요.

② A 한스 씨가 요즘 계속 _결석하는데_
     한스 씨한테 무슨 일이 있어요?
   B 저는 잘 모르겠는데요.

③ A 여기 경치가 _좋은데_ 여기에서 사진을 찍읍시다.
   B 네, 그래요.

④ A 오늘 사람이 많아서 음식이 _부족한데_
     좀 더 시킬까요?
   B 그럼, 2인분만 더 시킵시다.

⑤ A 제가 지금 편의점에 _가는데_ 뭐 사다 드릴까요?
   B 그럼, 빵하고 우유 좀 사다 주세요.

같이 이야기해 보세요.

✓싸고 예쁜 옷을 사고 싶은데 어디로 가면 좋을까요?

영화 표가 두 장 있는데 같이 영화를 보러 갈 수 있어요?

배가 아파서 약을 사려고 하는데 이 근처에 약국이 있어요?

연락처를 잊어버렸는데 다시 가르쳐 주시겠어요?

― 싸고 예쁜 옷을 사고 싶은데 어디로 가면 좋을까요?

― 동대문에 가 보세요. 싸고 예쁜 옷이 많아요.

8과 말하기

문법2 -을

📖 p27

이게 뭐예요?

고향에 계신 부모님께 보낼 선물이에요.

👥 연습해 보세요.

✓ 배우다   ✓ 돕다   ✓ 하다   ✓ 가져가다   ✓ 읽다

① A 언제까지 한국어를 __배울__ 계획이세요?
   B 글쎄요, 아직 잘 모르겠어요.

② A 오늘 시간 있으세요?
   B 아니요, __할__ 일이 너무 많아서 하루 종일 바쁠 것 같아요.

③ A 여행 가방을 다 쌌어요?
   B 네, __가져갈__ 것들을 가방에 모두 넣었어요.

④ A 어디 가세요?
   B 휴가 때 __읽을__ 책을 사러 서점에 가는 길이에요.

⭐ A 모르는 것이 많습니다. 앞으로 많이 도와주십시오.
   B 네, 제가 __도울__ 일이 있으면 언제든지 말씀하십시오.

👥 발표해 보세요.

친구들한테 계획을 물어보세요.

✓ 이번 주말에 영화 볼 거예요?

오늘 오후에 친구를 만날 거예요?

앞으로 외국에서 살 거예요?

'-을' 이용해서 친구의 계획을 발표하세요.

> 우리 반 친구들 중에서 이번 주말에 영화를 볼 사람은 _____ 예요.
> 오늘 오후에 ……

8과 말하기

우체국 이용하기

대화1

우체국에 가서 소포를 보내려고 합니다. 어떻게 말합니까?

투안 소포 보내러 왔는데요.
직원 내용물이 뭐예요?
투안 옷하고 신발이요.
직원 그럼, 저쪽에 가서서 포장해 오세요. 박스는 700원입니다.
그리고 박스 위에 받으실 분의 성함과 주소를 써 주세요.

〈잠시 후〉

투안 포장 다 했는데요.
직원 어떻게 보내실 거예요?
투안 배편으로 보내려고 하는데 얼마예요?
직원 저울 위에 올려놓으시겠어요? 45,000원입니다.
투안 시간이 얼마나 걸려요?
직원 3주 정도 걸립니다. 여기 영수증 받으세요.
투안 네, 감사합니다.

활용해 보세요

다음을 사용해서 우체국에서 해 본 일에 대해서 이야기해 보세요.

| 소포를 보내 봤어요 | 배편 | 항공편 |
| 편지를 보내 봤어요 | 빠른 우편 | 보통 우편 |

> 저는 우체국에서 소포를 항공편으로 보낸 적이 있어요. 요금은 7,000원이었어요. 그리고 …….

8과 말하기

은행 이용하기

대화2

 56

은행에서 휴대 전화 사용료를 내려고 하는데 방법을 모릅니다. 안내 직원에게 어떻게 말합니까?

안내 직원	어서 오십시오.
카밀라	저, 휴대 전화 사용료를 내려고 하는데, 어떻게 해야 해요?
안내 직원	네, 이쪽으로 오세요. 이 기계를 이용하면 편한데요, 먼저 통장이나 현금 카드를 기계에 넣으세요. 그리고 고지서에서 고객 영수증을 떼어 내고 넣으세요.
카밀라	네, 그 다음에는요?
안내 직원	통장 비밀 번호와 연락처를 누르세요. 다 하신 다음에 꼭 확인 버튼을 눌러 주시고요.
카밀라	네, 알겠습니다.

〈잠시 후〉

카밀라	아, 다 됐어요. 감사합니다.
안내 직원	예, 감사합니다. 안녕히 가십시오.

활용해 보세요

다음을 사용해서 은행에서 해 본 일에 대해서 이야기해 보세요.

월세를 내 봤어요	받으실 분	성함	금액
환전을 해 봤어요	원화	환율	수수료
수표를 현금으로 바꿔 봤어요	수표	현금	

> 저는 은행에서 월세를 내요.
> 먼저 종이에 받으실 분의
> 이름을 쓰고 ……

8과 말하기

출입국 관리 사무소 이용하기

대화3 출입국 관리 사무소에서 비자를 연장하려고 합니다. 어떻게 말합니까?

앤디: 비자를 연장하려고 왔는데요.
직원: 네, 여권 좀 보여 주세요.
앤디: 여기요.
직원: 서류는 다 준비해 오셨어요?
앤디: 잠깐만요, 여기 있어요.
직원: 외국인 등록증, 재학 증명서, 등록금 납입 증명서, 은행 잔고 증명서 ……, 모두 있네요.
신청서에 서명 좀 해 주세요.

〈잠시 후〉

직원: 시간은 2주쯤 걸립니다. 그때 다시 오시겠어요?
앤디: 그럼, 오늘은 다 된 거예요?
직원: 네, 여권하고 외국인 등록증을 주고 가시면 돼요.
앤디: 알겠습니다. 참, 2주 후에는 어디로 가야 해요?
직원: 여기로 다시 오시면 됩니다.

활용해 보세요

다음을 사용해서 출입국 관리 사무소에서 해 본 일에 대해서 이야기해 보세요.

| 비자를 연장해 봤어요. | 수수료 | 인지 |
| 외국인 등록증을 재발급해 봤어요. | 신청서 | 사진 |

저는 출입국 관리 사무소에서 비자를 연장한 적이 있어요. 먼저 인지를 사야 해요. 그리고 …….

8과 말하기
대화3

비자

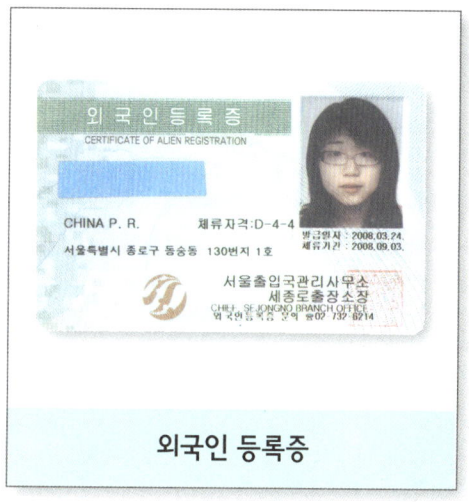

외국인 등록증

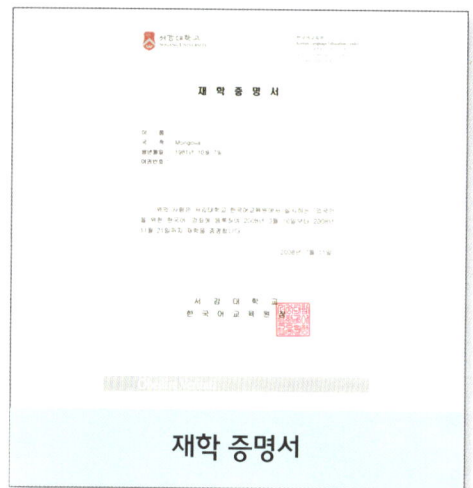

재학 증명서

은행 잔고 증명서

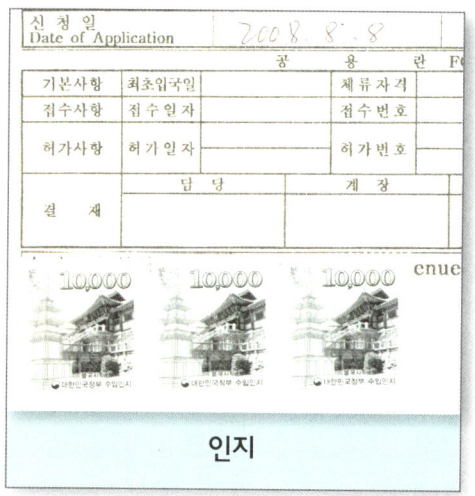

인지

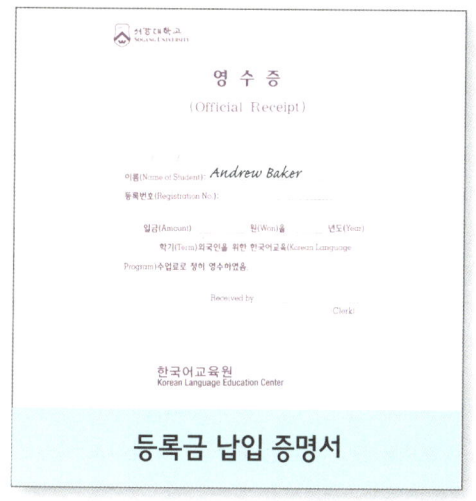

등록금 납입 증명서

8과 과제: 공공장소에 가서 자연스럽게 대화해 보세요

준비

짝과 함께 다음 상황에 맞는 대화를 만들어 보세요.

- 내용물이 뭐예요?
- 어떻게 보내시겠어요?

우체국
- 깨지기 쉬운 도자기를 항공편으로 보내려고 합니다.
  손님과 우체국 직원의 대화를 해 보세요.
- 내일까지 필요한 서류를 회사에 보내려고 합니다.
  손님과 우체국 직원의 대화를 해 보세요.

- 무엇을 도와드릴까요?
- 환율이 어떻게 돼요?
- 어떻게 해 드릴까요?

은행
- 돈을 환전하려고 합니다.
  손님과 은행 직원의 대화를 해 보세요.
- 수표 100만 원을 현금으로 바꾸려고 합니다.
  손님과 은행 직원의 대화를 해 보세요.

- 저쪽으로 가시면 됩니다.
- 번호표를 뽑고 기다려 주세요.

출입국 관리 사무소
- 2주 후에 출입국 관리 사무소에 갈 시간이 없어서 여권과 외국인 등록증을 보내 달라고 합니다.
  손님과 출입국 관리 사무소 직원의 대화를 해 보세요.
- 외국인 등록증을 잃어버려서 재발급을 하려고 합니다.
  방법을 잘 몰라서 안내 직원에게 물어봅니다.

우편 업무

8과 과제

소포 포장하는 곳

활동

1. 손님 그룹 A와 은행, 우체국, 출입국 관리 사무소의 직원 그룹 B로 나누세요.
2. A는 은행, 우체국, 출입국 관리 사무소에 가서 상황을 하나 선택하세요.
3. 각 상황에 맞게 손님과 직원이 되어 대화해 보세요.

실제 생활에서는 이렇게 말할 수 있어요 58

손님	소포를 보내러 왔는데요.
우체국 직원	네, 내용물이 뭐예요?
손님	도자기요.
우체국 직원	그럼, 저쪽에 가셔서 크기에 맞는 박스에 넣고 포장하세요. 도자기는 깨지기 쉬우니까 잘 싸세요.
손님	네, 알겠습니다.

〈잠시 후〉

손님	이렇게 포장하면 돼요?
우체국 직원	네, 박스 위에 받으실 분의 성함과 주소를 정확히 써 주세요. 어떻게 보내실 거예요?
손님	항공편으로 보내려고 하는데 얼마예요?
우체국 직원	여기 저울 위에 올려놓으시겠어요? 항공편으로 보내면 30,000원입니다.
손님	여기요.

편지 넣는 곳

정리

대화를 하면서 모르는 단어가 있었어요?
단어를 정리해 보세요.

8과 듣고말하기 — 안내 말씀 드리겠습니다

 듣기 전

극장에서 영화를 볼 때 지켜야 하는 예절이 있습니까?

극장에서 영화가 시작되기 전에 어떤 안내 방송이 나옵니까?

8과 듣고말하기

 듣기

● 다음을 잘 듣고 문제를 풀어 보십시오.

모의 한국어 능력 시험 3급 (듣기)

총 문항 수 : 5개 / 시험 시간 : 10분

_____ 반   이름 ___나미___

1. 다음 안내 방송은 어디에서 들을 수 있습니까?

   1) (ㄴ) ㉠

   2) (ㄷ) ㉡

   3) (ㄱ) ㉢

2. 다음 안내 방송을 듣고 알맞은 것을 고르십시오.

   ① 오늘 백화점이 새로 문을 열었다.
   ② 백화점 2층에 빵 가게가 있다.
   ③ 오늘 빵을 사면 싸게 살 수 있다.
   ④ 오늘 만 원 이상 빵을 사면 선물을 받을 수 있다.

3. 잘 듣고 알맞은 것을 고르십시오.

   ① 이 방송은 코리아 랜드의 라디오 광고 방송이다.
   ② 두 시부터 여러 나라의 전통 옷을 입은 배우들이 공연을 할 예정이다.
   ③ 그림을 그리고 싶은 아이들은 세 시에 미술관에 가면 된다.
   ④ 아기 호랑이를 보려면 사파리 월드에 들어가야 한다.

4. 잘 듣고 틀린 것을 고르십시오.

   ① 방송에서 찾고 있는 아이는 두 명이다.
   ② 길을 잃어버린 아이를 찾으려고 안내 방송을 하고 있다.
   ③ 하얀색 치마를 입고 있는 여자 아이를 찾고 있다.
   ④ 잃어버린 아이를 보면 미아 보호 센터로 전화하면 된다.

5. 잘 듣고 알맞은 것을 고르십시오.

   ① 잃어버린 물건을 찾으려고 안내 방송을 하고 있다.
   ② 잃어버린 물건은 휴대 전화와 가방이다.
   ③ 물건을 식당에 놓고 나간 사람을 찾고 있다.
   ④ 물건을 주운 사람은 종합 안내소에 가지고 가야 한다.

8과 듣고말하기

듣기 후

가 잘 듣고 빈칸을 채우십시오. 60

세 시에는 어린이 미술관의 벽에 그림을 그리는 행사가 있습니다. 1._____으로 서른 명의 어린이만 그림을 그릴 수 있으니까 관심 있는 분은 지금 빨리 미술관으로 와 주시기 바랍니다. 네 시부터는 2._____지 얼마 안 된 아기 호랑이 형제들이 산책을 나옵니다. 아기 동물들을 보고 싶은 분들은 사파리 월드 옆 3._____로 와 주시기 바랍니다. 코리아 랜드에서 행복한 시간 보내시기 바랍니다.

나 잘 듣고 따라하십시오. 61

1. 오늘도 저희 백화점을 이용해 주셔서 감사합니다.
2. 이번 정류장에서 내리실 분은 벨을 눌러 주시기 바랍니다.

다 해 봅시다.

공공장소의 안내 방송을 만들어 보세요.

라 써 봅시다.

'해 봅시다'에서 이야기한 내용을 써 보세요.

통행에 불편을 드려서 죄송합니다

8과 읽고말하기

읽기 전

다음은 어느 공공장소에서 볼 수 있습니까?

장애인, 노약자, 임산부 좌석입니다.

개인 프로그램을 다운로드하지 마십시오.

사진을 찍지 마십시오.

통행에 불편을 드려서 죄송합니다.

8과 읽고 말하기

읽기 ● 다음을 읽고 문제를 풀어 보십시오.

모의 한국어 능력 시험 3급 (읽기)

총 문항 수 : 5개 / 시험 시간 : 10분

_____ 반   이름 _____

1. 박물관 앞의 안내문을 읽고 틀린 것을 찾으십시오.

- 이용시간

3 ~ 4월		5 ~ 10월		11 ~ 2월	
매표 시간	관람 시간	매표 시간	관람 시간	매표 시간	관람 시간
09:00~17:00	09:00~18:00	09:00~17:00	09:00~18:00	09:00~18:00	09:00~19:00

- 관람요금

	대인(19-64세)	소인(7-18세)
일반	3,000원	1,500원

- 관람규칙
  (1) 정해진 장소에서만 담배를 피울 수 있습니다.
  (2) 휴대 전화는 전원을 꺼 주시거나 진동으로 해 주십시오.

① 표를 파는 시간은 관람하는 시간보다 짧다.
② 박물관에서 담배를 피우려면 정해진 장소에 가야 한다.
③ 대학생은 3,000원을 내면 관람할 수 있다.
④ 겨울에 박물관을 구경하려면 늦어도 다섯 시에 도착해야 한다.

2. 박물관의 안내문을 읽고 맞는 것을 찾으십시오.

저희 박물관에서는 관람객에게 영상 안내기와 음성 안내기(한국어/영어/일본어/중국어)를 빌려 드립니다.
(1) 중학생 이상부터 대여 가능합니다.   (2) 대여할 때 신분증이 필요합니다.
(3) 대여료 : 영상 안내기(PDA) - 3,000원 / 음성 안내기(MP3) - 1,000원
(4) 대여 신청 : 관람 전날까지 인터넷 예약   (5) 대여 시간 : 10:00 ~ 17:00
(6) 문의 전화 : 02-705-8088

① 영상 안내기와 음성 안내기는 학생이면 모두 빌릴 수 있다.
② 외국인은 여권이나 외국인 등록증이 필요하다.
③ 어른은 예약하지 않아도 박물관에 가면 안내기를 바로 빌릴 수 있다.
④ 안내기를 빌리려면 02-705-8088로 전화해서 예약해야 한다.

8과 읽고말하기

3. 다음을 읽고 지하철 표를 사는 순서를 사진에서 찾으십시오.

1. 돈을 넣으십시오.
2. 두 매 이상 구매 시 매수를 누르십시오.
3. 필요한 표의 가격 버튼을 누르십시오.
4. 승차권과 거스름돈을 받으십시오.

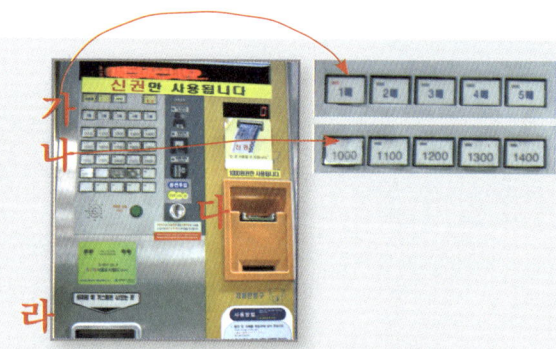

① 가 – 나 – 다 – 라   ② 나 – 다 – 가 – 라   ③ 다 – 가 – 나 – 라   ④ 가 – 다 – 나 – 라

4. 다음 공원 규칙에 맞게 행동한 사람은 누구입니까?

1. 애완동물을 데리고 오지 맙시다.
2. 쓰레기는 꼭 분리수거함에 분리해서 버립시다.
3. 다른 사람에게 피해를 주는 행동을 하지 맙시다.
4. 배드민턴장이나 테니스장을 이용하고 싶은 분은 미리 예약하시기 바랍니다.
   ※ 공원 시설 이용 문의 : 02-823-4567

① 미나 씨는 강아지와 같이 와서 산책했다.
② 지훈 씨는 테니스장에 사람이 아무도 없어서 친구와 테니스를 쳤다.
③ 보민 씨는 과자 봉지와 음료수 병을 같은 쓰레기통에 버렸다.
④ 한스 씨는 배드민턴을 치고 싶어서 02-823-4567로 전화했다.

5. 다음을 읽고 틀린 것을 찾으십시오.

저희 서강 문화 센터를 이용해 주신 여러분께 감사의 말씀을 드립니다.
저희 서강 문화 센터가 다음 달부터 건물 수리를 위해 두 달 동안 문을 닫습니다.
공사 후에는 컴퓨터 무료 교육과 영화 무료 상영, 어린이 독서 교실 등 다양한 프로그램이 진행될 예정입니다.
공사 기간 중 이용에 불편을 드려서 죄송합니다.

　　공사 기간 : 2009년 2월 1일 ~ 2009년 3월 31일
　　공사 내용 : 1층 – 등록 사무실 및 휴게실
　　　　　　　 2층 – 체육관
　　　　　　　 3층 – 어린이 도서관
　　　　　　　 4층 – 컴퓨터실과 멀티미디어실

① 공사 중에는 시설을 이용할 수 없다.
② 서강 문화 센터는 지금 공사 중이다.
③ 4월부터는 여러 가지 프로그램이 생길 예정이다.
④ 공사가 끝나면 돈을 내지 않아도 컴퓨터를 배울 수 있다.

8과 읽고 말하기

읽기 후

가 소리 내서 읽어 보십시오.

1. 휴대 전화는 전원을 꺼 주시거나 진동으로 해 주십시오.
2. 다른 사람에게 피해를 주는 행동을 하지 맙시다.

나 해 봅시다.

공공장소의 규칙을 만들어 보세요.

공원에서는
- 신나게 놀아야 합니다.
-
-
-

학교에서는
-
-
-

다 써 봅시다.

'나'에서 만든 공공장소의 규칙을 써 보세요.

문법

1. -은/는데 ②
   돈을 찾으려고 하는데 이 근처에 은행이 있어요?

2. -을
   이것은 고향에 계신 부모님께 보낼 선물이에요.

발음

잘 듣고 발음을 확인해 보세요. 62

전동차 [전동차]
승강장
춤을 추는
산책로

단어 표현

공공 생활

우체국
내용물
박스
소포
(-을/를) (-에) 올려놓다
저울
배편
항공편
보통 우편
빠른 우편
은행
고지서
금액
번호표를 뽑다
비밀 번호
사용료
수수료
수표
원화
통장
현금
　현금 카드
환율
환전

출입국 관리 사무소
서명하다
연장하다
인지
재발급하다

말하기

명사
성함

동사
(-이/가) 깨지다

기타·표현
떼어 내다
확인 버튼
다 된 거예요?
다 됐어요.

듣고 말하기

명사
미술관
사은품
산책로
선작순

어린이
열차
예정
행사

동사
보관하다
보호하다
태어나다
(-이/가) 할인되다

기타·표현
그림을 그리다
두고 가다
종합 안내소
이번 정류장에서 내리실 분은 벨을 눌러주시기 바랍니다.
이 역은 전동차와 승강장 사이가 넓습니다.

읽고 말하기

명사
거스름돈
관람
　관람객

대여
　대여료
　대여하다
대인, 소인
독서
매수
승차권
신분증
애완동물
전날
피해
　피해를 주다

동사
분리하다
　분리수거함
행동하다

기타·표현
구매 시
매표 시간
영화 상영
휴대 전화는 전원을 꺼 주시거나 진동으로 해 주십시오.

말할 수 있어요

☐ 공공장소에서 문제가 생겼을 때 해결할 수 있어요.
☐ 공공장소에서 안내 방송을 듣거나 안내문을 보고 이해할 수 있어요.

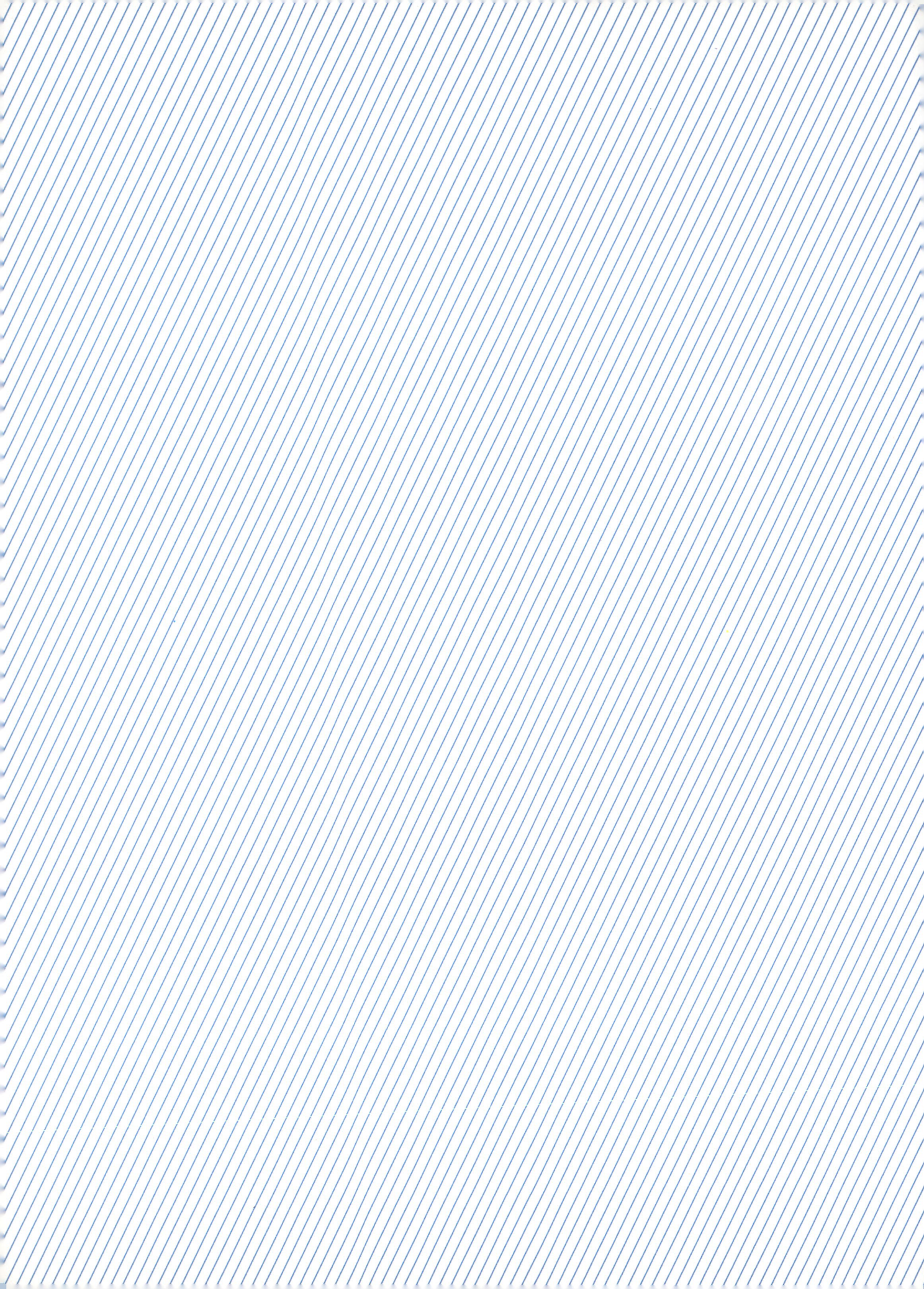

듣기 대본

듣기 대본

1 p 25 CD 5

그 친구는 어떤 사람이에요?

미나 : 어머, 한스 씨, 안녕하세요?
한스 : 어, 안녕하세요? 미나 씨, 지금 어디 가는 길이에요?
미나 : 일본어 학원에 가는 길이에요.
한스 : 일본어요? 일본어를 배우세요?
미나 : 네, 회사 일 때문에 배우고 있어요.
한스 : 아, 그래요? 회사에서 일본어가 필요해요?
미나 : 네, 일본 출장이 많아서요.
　　　그런데 학원에 다녀도 연습할 수 있는 시간이 적어서 아직 잘
　　　못해요.
한스 : 그럼, 일본 사람하고 직접 만나서 연습해 보는 게 어때요?
미나 : 저도 그렇게 하고 싶은데 아는 일본 사람이 없어요.
한스 : 아, 참! 제 친구 중에 한국말을 연습하고 싶어하는 일본 사람이
　　　있어요. 한번 물어볼까요?
미나 : 그래요? 좋지요. 그 친구는 어떤 사람이에요?
한스 : 회사원인데 오전에 학교에서 한국어를 배우고 있어요.
미나 : 여자예요? 남자예요?
한스 : 여자이고, 이름은 유키예요. 한국에 온 지 1년 반쯤 됐어요.
미나 : 그분 성격은 어때요? 제가 조용하니까 활발한 분을 만나고
　　　싶어요.
한스 : 유키 씨는 활발하고 이야기도 잘해요. 두 사람이 잘 맞을
　　　거예요.
미나 : 한국어 배운 지 얼마나 됐는데요?
한스 : 그분은 작년 10월부터 시작했으니까 한 1년쯤 됐어요.
미나 : 그래요? 그럼, 한국어 잘하시겠네요. 제가 일본어를 잘 못해도
　　　괜찮을까요?
한스 : 그럼요. 유키 씨가 친절해서 잘 도와줄 거예요.
미나 : 꼭 소개해 주세요. 언제 만날 수 있을까요?
한스 : 제가 유키 씨한테 연락해 보고 전화 드릴게요.
미나 : 네, 전화 주세요. 기다릴게요.

2 p 43 CD 13

도서관은 열 시에 문을 닫는데 몰랐어?

소영 : 안녕? 오늘 일찍 왔네.
보민 : 응, 가방 찾으려고 일찍 왔어.
소영 : 가방? 가방 잃어버렸어?
보민 : 아니, 잃어버린 건 아니고……
소영 : 그럼?
보민 : 어제 도서관에서 공부하다가 일이 생겨서 가방을 놓고
　　　나왔는데, 가지러 갔을 때는 도서관 문이 닫혀서 들어갈 수
　　　없었어.
소영 : 도서관은 열 시에 문을 닫는데 몰랐어?
보민 : 응, 어제 처음 가서 몰랐지. 그래서 집에 못 들어갔어.
　　　열쇠도 가방 안에 있었거든.
소영 : 그럼, 어디에서 잤어?
보민 : 친구 집에서…….
소영 : 너, 도서관 입구에 이용 규칙이 있는데 안 읽어 봤지?
보민 : 그런 게 있어?
소영 : 그럼, 그런데 사실은 나도 도서관에 처음 갔을 때 이용 규칙을
　　　안 지켜서 도서관 경비 아저씨한테 두 번이나 혼났어.
보민 : 왜 혼났는데?
소영 : 계단에서 전화를 했어.
보민 : 도서관 계단에서 전화를 하면 안 돼?
소영 : 응, 전화를 하려면 건물 밖으로 나가야 대.
보민 : 그래? 그런데 왜 또 혼났어?
소영 : 도서관에서 과자를 먹었어.
보민 : 도서관에서 음식을 먹으면 어떡해?
소영 : 나는 조용히 먹으면 괜찮다고 생각했어.
보민 : 참, 소영아, 우리가 도서관에서 책을 몇 권까지 빌릴 수 있는지
　　　알아?
소영 : 아마 다섯 권까지 빌릴 수 있을 거야.
보민 : 얼마 동안?
소영 : 그건 잘 모르겠어. 그런데 늦게 반납하면 연체료를 내야 돼.
보민 : 도서관에도 연체료가 있어?
소영 : 그럼, 반납일이 지나면 하루에 100원씩 내야 된대.
보민 : 정말? 늦게 반납하면 안 되겠네.
소영 : 당연하지!

③ p59 CD 21

어떻게 원룸을 찾아야 되지?

소영 : 모니카!
모니카 : 어, 깜짝이야. 소영이구나.
소영 : 뭘 그렇게 열심히 보고 있어?
모니카 : 응, 하숙집 광고.
소영 : 하숙집 옮기려고?
모니카 : 어.
소영 : 왜? 하숙집에 친구들이 많아서 재미있다고 했잖아.
모니카 : 맞아. 그런데 하숙집 아줌마가 좀 불친절해.
소영 : 그래?
모니카 : 또 집도 지저분한 편이야. 니가 사는 기숙사는 깨끗하고 좋지?
소영 : 어, 기숙사가 깨끗하고 시설도 좋긴 하지만 방 친구 때문에…….
모니카 : 방 친구가 어떤데?
소영 : 매일 밤늦게까지 전화를 해서 잠을 잘 수가 없어.
모니카 : 그래?
소영 : 그리고 청소도 잘 안 해.
모니카 : 기숙사 생활도 힘든 점이 있구나.
소영 : 모니카, 그럼, 우리 이렇게 하면 어떨까?
모니카 : 어떻게?
소영 : 사실 나 요즘 원룸으로 이사 가려고 같이 살 친구를 찾고 있었거든. 너도 하숙집 생활이 불편하다고 하니까 우리 원룸을 하나 구해서 같이 사는 게 어때?
모니카 : 좋다! 그런데 원룸은 비싸지 않아?
소영 : 물론 하숙이나 기숙사보다 비싸긴 하지. 하지만 우리 둘이 반씩 내면 괜찮을 거야. 그리고 같이 살면 내가 맛있는 한국 음식도 많이 해 줄게.
모니카 : 그래그래, 우리 같이 영어와 한국어도 연습할 수 있으니까 좋을 것 같아.
소영 : 야, 재미있겠다.
모니카 : 그런데 어떻게 원룸을 찾아야 되지?
소영 : 인터넷에서 찾아보면 있을 거야. 아니면 직접 부동산에 물어봐도 되고…….
모니카 : 그래. 그럼, 먼저 부동산에 가 보자.
소영 : 아니야. 부동산은 돈을 내야 하니까 인터넷부터 찾아보자.
모니카 : 먼저 부동산에 가 보자.
소영 : 아니, 인터넷 먼저.
모니카 : 아니, 부동산 먼저.
소영 : 인터넷!
모니카 : 부동산!

④ p75 CD 28

설날에 한국 친구 집에 갔다 왔어요

미나 : 한스 씨, 새해 복 많이 받으세요.
한스 : 네, 미나 씨도 새해 복 많이 받으세요. 설날 연휴 잘 보냈어요?
미나 : 네, 저는 큰아버지 댁에 다녀왔어요. 오랜만에 친척들이 모두 모여서 재미있게 보냈어요. 한스 씨는 뭐 했어요?
한스 : 저는 한국 친구 집에 초대받아서 갔다 왔어요.
미나 : 재미있었겠어요. 친구 집이 어딘데요?
한스 : 대전인데 자동차로 여섯 시간이나 걸렸어요. 길이 정말 많이 막혔어요.
미나 : 설날에는 고향에 가는 사람들이 많아서 교통이 복잡해요. 친구 집에서는 뭐 하면서 보냈어요?
한스 : 한국 음식도 많이 먹고 여러 가지 한국 문화도 배웠어요. 그리고 무슨 전통 놀이를 했는데, 이름은 잊어버렸어요.
미나 : 윷놀이요?
한스 : 네, 맞아요. 윷놀이를 했어요. 친구 가족들하고 처음 해 봤는데 정말 재미있었어요.
미나 : 친구 부모님께 세배도 드렸어요?
한스 : 물론이죠. 설날 아침에 세배를 드렸어요. 그런데 부모님께서 돈을 주시면서 받으라고 하셔서 깜짝 놀랐어요.
미나 : 그걸 세뱃돈이라고 해요. 보통 아이들에게 주는 건데, 한스 씨한테는 특별히 주신 것 같아요. 그리고 세배 드리면 어른들께서 좋은 말씀을 해 주시는데 한스 씨한테는 뭐라고 하셨어요?
한스 : 올해는 꼭 결혼하라고 하셨어요.
미나 : 한스 씨한테도 장가가라고 하셨어요? 저도 부모님하고 친척들이 모두 좋은 사람 만나서 꼭 시집가라고 하셨어요. 한스 씨, 떡국도 먹었어요?
한스 : 네, 친구 어머니께서 떡국을 맛있게 만들어 주셔서 많이 먹었어요. 미나 씨도 먹었지요?
미나 : 아뇨, 저는 안 먹었어요.
한스 : 왜요?
미나 : 떡국을 먹으면 나이가 많아지니까 저는 떡국을 안 먹어요. 저는 스물네 살 때부터 안 먹었으니까 아직도 스물네 살이에요.
한스 : 하하하. 그럼, 저도 내년부터는 떡국을 안 먹어야겠어요.

⑤ 외모보다 성격이 중요해

소영 : 가은아, 너 지난 토요일에 서울 극장에 갔지?
가은 : 어. 어떻게 알았어?
소영 : 극장에서 너 봤는데 영화가 금방 시작돼서 인사를 못 했어. 그런데 같이 온 사람들은 누구야?
가은 : 오빠하고 남자 친구야.
소영 : 가은이 너 남자 친구 생겼어?
가은 : 응, 얼마 전에 소개 받았어.
소영 : 그래? 어떤 사람이 남자 친구야? 키가 크고 머리가 긴 사람?
가은 : 아니, 그 사람은 우리 오빠야. 안경 끼고 머리가 짧은 사람이 남자 친구야.
소영 : 아! 그 사람이 남자 친구구나! 그 사람 어떤 점이 마음에 들어?
가은 : 첫인상이 좋았어. 그리고 만나 보니까 조용하고 점잖은 편이라서 좋아. 난 우리 오빠처럼 말이 많은 남자는 별로 안 좋아하거든.
소영 : 왜? 난 활발하고 유머 감각이 있는 사람이 좋은데……. 그리고 잠깐 봤지만 오빠가 잘생겨서 인기도 많을 것 같아.
가은 : 얼굴이 잘생기긴 했지. 아침마다 드라이하고 무스 바르고, 외모에 얼마나 신경을 쓰는데.
소영 : 외모도 중요하지. 난 잘생기고 멋있는 남자가 좋아.
가은 : 나도 전에는 그렇게 생각했어. 그런데 남자 친구를 만나 보니까 성격이 중요한 것 같아. 남자 친구가 이해심도 많고 나하고 대화도 잘 통해서 좋아.
소영 : 아유, 알았어! 그런데 가은아, 혹시 오빠는 사귀는 사람 있어?
가은 : 지금은 없어. 왜?
소영 : 아니, 그냥…….
가은 : 너 혹시 우리 오빠한테 관심 있는 거 아냐?
소영 : 아니, 뭐, 인상이 좋아서…….
가은 : 알았어. 내가 소개해 줄게. 오빠가 매일 나한테 친구 한 명 소개해 달라고 하거든.
소영 : 그랬어?
가은 : 지금 전화해 봐야지. 여보세요? 오빠?

⑥ 무엇이 불편하십니까?

안녕하십니까? 신라 전자 서비스입니다.
컴퓨터, 팩스는 1번, 가전제품, 휴대 전화는 2번, 기타는 3번을 눌러 주십시오.
상담원과 연결해 드리겠습니다.

상담원 : 친절하게 모시겠습니다. 상담원 김미경입니다. 무엇을 도와드릴까요?
투안 : 저……. 컴퓨터가 고장 나서 전화 드렸는데요.
상담원 : 네, 모델명과 구입 시기를 말씀해 주십시오.
투안 : DBP40이고, 작년 10월에 구입했어요.
상담원 : 네, 컴퓨터에 어떤 문제가 있습니까?
투안 : 컴퓨터가 안 켜져요.
상담원 : 컴퓨터 플러그를 확인해 보시겠습니까?
투안 : 네, 플러그를 콘센트에 꽂았어요.
상담원 : 그럼, 파워 버튼을 좀 오랫동안 눌러 보시겠습니까?
투안 : 그것도 열 번쯤 해 봤어요.
상담원 : 그럼, 서비스 기사를 보내 드릴까요?
투안 : 네, 그래 주셨으면 좋겠어요.
상담원 : 주소를 말씀해 주십시오.
투안 : 강남구 서초동 행복 아파트 904동 1205호예요.
상담원 : 연락 가능한 번호도 하나 알려 주시겠습니까?
투안 : 010-8765-1767이에요.
상담원 : 잠시만 기다려 주십시오. 서초동 지역은 내일 두 시쯤 서비스가 가능할 것 같습니다.
투안 : 오늘 와 주셨으면 좋겠는데요.
상담원 : 죄송하지만 내일 두 시가 제일 빠른 시간입니다.
투안 : 일을 해야 하기 때문에 이 컴퓨터가 꼭 필요해요. 내일 아침까지 준비해야 하는 서류가 저장되어 있어요.
상담원 : 그럼, 혹시 집에서 가까운 서비스 센터에 직접 가 보시겠습니까?
투안 : 서비스 센터가 어디에 있는데요?
상담원 : 서초동에서 제일 가까운 서비스 센터는 강남 역에 있습니다.
투안 : 어유! 이 무거운 컴퓨터를 들고 강남 역까지? 어떻게 하지?

7   방학 동안 인턴사원으로 일했어

렌핑 : 가은아, 오랜만이야. 너 방학 동안 여행 갔다 왔다면서?
가은 : 네, 렌핑 오빠. 친구들하고 동남아에 갔다 왔어요.
렌핑 : 동남아? 좋았겠다.
가은 : 네, 처음 가 본 해외여행이라서 다 신기하고 재미있었어요. 오빠는 방학 어떻게 보냈어요?
렌핑 : 난 방학 동안 인턴사원으로 일했어.
가은 : 인턴사원을 했어요?
렌핑 : 응, 무역 회사에서 두 달 동안 일했어.
가은 : 오빠는 무슨 일을 했는데요?
렌핑 : 마케팅 부서에 있었는데 보통 중국에서 오는 주문을 받고 물건을 보내는 일을 했어.
가은 : 그럼, 정식 사원하고 다를 것이 없겠네요. 힘들었겠어요.
렌핑 : 응, 처음에는 새롭게 배워야 할 게 많아서 좀 힘들었는데 선배들이 가족처럼 도와줘서 곧 익숙해졌어.
가은 : 저도 졸업하기 전에 한 번쯤은 인턴 경험을 해 봐야 할 텐데……
렌핑 : 그래, 너도 꼭 한번 해 봐. 일도 배우고 사회 경험도 쌓을 수 있어서 좋을 거야.
가은 : 그런데 오빠, 인턴사원으로 일하려면 어떻게 준비해야 해요?
렌핑 : 회사에서는 학점 좋고 외국어를 잘하는 사람을 뽑으니까 학교 공부도 열심히 하고 외국어 공부도 신경 써서 하는 게 좋을 거야.
가은 : 준비할 게 많네요.
렌핑 : 응, 게다가 요즘 인턴사원을 하려고 지원하는 사람이 많아서 경쟁률도 높아.
가은 : 정말이요? 정식 사원도 아닌데요?
렌핑 : 인턴사원으로 일할 때 일을 열심히 잘하면 정식 사원으로 채용될 수도 있거든.
가은 : 아, 그렇구나. 어, 그럼 혹시 오빠도……?
렌핑 : 하하. 응, 사실 나도 다음 달부터 정식 사원으로 근무하기로 했어.
가은 : 와, 오빠. 축하해요. 정말 기분 좋겠다.
렌핑 : 취직해서 좋기도 하고 사회생활을 시작해야 하니까 긴장도 되고……
가은 : 일해 본 경험도 있으니까 걱정하지 마세요. 잘하실 거예요. 그런데 오빠, 취직도 했는데 한턱 안 내세요?

8   안내 말씀 드리겠습니다

1. 다음 안내 방송은 어디에서 들을 수 있습니까?
1번 잠시 후 열차가 출발하겠습니다. 손님 여러분께서는 다시 한번 표를 확인하시기 바랍니다. 이 열차는 열 시에 부산을 출발해서 열두 시 40분에 서울에 도착하는 KTX입니다.
2번 이번 정류장은 시청입니다. 이번 정류장에서 내리실 분은 벨을 눌러 주시기 바랍니다. 다음 정류장은 서울역입니다.
3번 이번 역은 신촌, 신촌 역입니다. 내리실 문은 오른쪽입니다. 이 역은 전동차와 승강장 사이가 넓습니다. 내리실 때 조심하시기 바랍니다.

2. 다음 안내 방송을 듣고 알맞은 것을 고르십시오.
오늘도 저희 백화점을 이용해 주셔서 감사합니다. 백화점 지하 2층 빵 가게가 오늘 새로 문을 열었습니다. 오늘 빵을 사시는 분들께는 30% 할인된 가격으로 드립니다. 2만 원 이상 구입하시는 분들에게는 사은품도 드립니다. 많은 이용 바랍니다.

3. 잘 듣고 알맞은 것을 고르십시오.
오늘도 코리아 랜드를 찾아 주신 여러분께 감사 말씀 드리겠습니다. 코리아 랜드에는 놀이 공원, 동물원, 어린이 미술관이 여러분의 방문을 기다리고 있습니다. 잠시 후 두 시부터는 놀이 공원에서 퍼레이드가 있을 예정입니다. 여러 나라의 전통 옷을 입고 춤을 추는 배우들의 공연을 꼭 보러 오세요. 세 시에는 어린이 미술관의 벽에 그림을 그리는 행사가 있습니다. 선착순으로 서른 명의 어린이만 그림을 그릴 수 있으니까 관심 있는 분은 지금 빨리 미술관으로 와 주시기 바랍니다. 네 시부터는 태어난 지 얼마 안 된 아기 호랑이 형제들이 산책을 나옵니다. 아기 동물들을 보고 싶은 분들은 사파리 월드 옆 산책로로 와 주시기 바랍니다. 코리아 랜드에서 행복한 시간 보내시기 바랍니다.

4. 잘 듣고 틀린 것을 고르십시오.
안내 말씀 드리겠습니다. 지금 아이를 찾고 있습니다. 분홍색 티셔츠와 흰색 치마를 입고 운동화를 신고 있는 다섯 살 된 여자 아이를 찾고 있습니다. 이 아이를 보호하고 계시거나 보신 분은 정문 옆 미아 보호 센터로 연락해 주시기 바랍니다. 다시 한번 말씀드리겠습니다. 분홍색 티셔츠와 흰색 치마를 입은 다섯 살 된 여자 아이를 찾고 있습니다. 이 아이를 보호하고 계시거나 보신 분은 정문 옆 미아 보호 센터로 연락해 주시기 바랍니다. 감사합니다.

5. 잘 듣고 알맞은 것을 고르십시오.
종합 안내소에서 안내 말씀 드리겠습니다. 지금 지갑과 휴대 전화를 보관하고 있습니다. 동물원 안에 있는 한식당 한우리에서 식사를 하시고 까만색 지갑과 삼성 휴대 전화를 두고 가신 분은 종합 안내소로 와 주시기 바랍니다. 다시 한번 말씀드립니다. 한우리에 지갑과 휴대 전화를 두고 가신 분은 종합 안내소에서 보관하고 있으니 연락 주시기 바랍니다.

모범 답안

1 소개

말하기

문법 I -은 지 (시간) 됐다
1. 학교에 온 지 세 시간 됐어요
2. 보민 씨한테 전화한 지 1주일 됐어요
3. 밥을 먹은 지 한 시간 됐어요
4. 목이 부은 지 3일 됐어요
5. 렌핑 씨를 안 지 2년 됐어요

문법 II -인데
1. 김치인데 매운 음식이에요
2. 에펠탑인데 프랑스에 있어요
3. 한복인데 한국 전통 옷이에요
4. 만리장성인데 중국에 있어요

듣고 말하기

가. 직업 : 회사원
　　성격 : 활발하다
　　한국에서 산 기간 : 1년 반
　　한국어를 배운 기간 : 1년

나. 1. 회사 일 때문에 배우고 있어요.
　　2. 학원에 다녀도 연습할 수 있는 시간이 없어서 일본어를 잘 못해요.
　　3. 일본 사람하고 직접 만나서 연습해 보라고 했어요.
　　4. 유키 씨는 회사원인데, 학교에서 한국어를 배우고 있어요.
　　5. 유키 씨는 활발한데 미나 씨는 조용해요.
　　6. 한스 씨가 유키 씨한테 연락해 본 다음에 미나 씨한테 전화하면 만날 수 있을 거예요.

다. 1. 활발한
　　2. 활발하고
　　3. 맞을 거예요
　　4. 됐는데요
　　5. 작년

읽고 말하기

가. 김윤호
　　1. 회사원
　　2. 영어 공부 / 해외 출장
　　3. 사진 찍는 것을 좋아해요

　　유키
　　1. 회사원 / 한국어를 배우는 학생
　　2. 한국 요리
　　3. 활발하고 이야기를 잘 해요

　　보민
　　1. 대학교 1학년 학생
　　2. 동아리 활동 / 미팅
　　3. 신문 기자가 되는 것이 꿈이에요

나. 1. 한스 씨는 독일에서 온 사람인데, 나이는 서른 두 살이고 한국 무역 회사에서 근무하게 돼서 한국에 왔어요.
　　2. 평일 오전에는 한국어 수업을 듣고 오후에는 회사에서 일을 해요. 그리고 지금까지는 주말에 집을 정리했는데 앞으로는 운동을 하거나 여행을 하려고 해요.
　　3. 윤호 씨는 같은 회사에서 근무하는 동료이고, 유키 씨는 같이 한국어를 공부하는 반 친구이고, 보민 씨는 같은 아파트에 사는 이웃이에요.
　　4. 한스 씨가 회사에 처음 들어 왔을 때 윤호 씨가 한스 씨를 많이 도와줘서 고맙게 생각해요.
　　5. 유키 씨가 활발하고 이야기도 잘 해서 친구들에게 인기가 많아요.
　　6. 보민 씨는 동아리 활동도 열심히 하고 미팅도 자주 해서 친구들하고 늦게까지 놀아요.

2 학교생활

말하기

문법 I -으려면
1. 한국에서 대학교에 들어가려면
2. 돈을 모으려면
3. 유명한 영화배우를 만나려면
4. 손을 씻으려면
5. 불고기를 만들려면

문법 II -으면 되다
1. 신청서를 쓰면 돼요
2. 약 먹고 푹 쉬면 돼요
3. 114에 전화하면 돼요
4. 학생증만 있으면 돼요
5. 라디오를 자주 들으면 돼요

문법 Ⅲ 간접화법 축약

1. ① 유키 씨가 요즘 날씨가 좋대요
   ② 유키 씨가 내일 아침 아홉 시까지 오래요
   ③ 유키 씨가 토요일에 약속이 있내요
   ④ 유키 씨가 매일 두 시간씩 한국어를 공부한대요
   ⑤ 유키 씨가 오늘 점심에 같이 식사하재요
   ⑥ 유키 씨가 다음 주 수요일이 자기 생일이래요
   ⑦ 유키 씨가 수업 후에 같이 운동하재요
   ⑧ 유키 씨가 같이 여행 가는 게 어떠내요
   ⑨ 유키 씨가 자기가 전화하겠대요

2. ① 가은 씨가 요즘 바쁘대요. 가은 씨를 좀 도와주래요
   ② 내일이 가은 씨 생일이래요. 가은 씨를 축하해 주래요
   ③ 가방이 무거우니까 좀 들어 달래요
   ④ 추우니까 창문 좀 닫아 달래요

듣고 말하기

가. 2, 4.

나. 1. 어제 도서관에서 공부하다가 일이 생겨서 가방을 놓고 나갔는데 가지러 갔을 때는 문이 닫혀서 들어갈 수 없었대요. 그런데 열쇠가 그 가방 안에 있었대요.
2. 도서관 계단에서 전화하면 안 되는 규칙과 도서관에서 음식을 먹으면 안 되는 규칙을 몰랐대요.
3. 전화를 하려면 건물 밖으로 나가야 된대요.
4. 반납일이 지나면 하루에 100원씩 연체료를 내야 된대요.
5. 도서관은 밤 10시에 문을 닫고, 도서관 안에서 전화를 하거나 음식을 먹으면 안 되고, 책을 빌렸을 때 늦게 반납하면 연체료를 내야 해요.

다. 1. 놓고
2. 닫혀서
3. 열쇠

읽고 말하기

가. 1. 한국 문화나 전통
2. 음식
3. 한국어
4. 한국어를 열심히 공부하세요
   한국 문화를 많이 경험하세요

나. 1. 교환 학생은 한 학기나 두 학기 동안 다른 나라에 있는 학교에 가서 공부하고 그 나라의 언어와 문화를 배우는 사람이에요.
2. 1학년 때부터 학교 공부도 열심히 하고, 한국 문화나 전통에 대한 책을 읽거나 인터넷으로 찾아봤어요. 또 한국어 공부도 열심히 했어요.
3. 말도 안 통하고 음식도 입에 맞지 않아서 힘들었대요.
4. 한국 사람이 다 됐대요.
5. 마음이 넓어지고 생활에 자신감이 생겼고 한국어도 많이 늘었어요.
6. 한국에 오기 전에 한국어를 열심히 공부하고 한국에 와서는 한국 문화를 많이 경험해 보래요.

 집

말하기

문법 Ⅰ -은/는 편이다
1. 깨끗한
2. 맛있는
3. 자주 가는 편이에요
4. 잘 먹는 편이에요
5. 자주 듣는 편이에요

문법 Ⅱ -긴 하다
1. 편하긴 해요
2. 먹긴 해요
3. 맛있긴 했어요
4. 많이 하긴 했어요
5. 여행 갔다오긴 했어요

듣고 말하기

가.

	모니카	소영
지금 살고 있는 곳	하숙집	기숙사
장점	1. 친구들이 많아서 재미있어요.	1. 깨끗해요. 2. 시설이 좋아요
단점	1. 하숙집 아줌마가 불친절해요. 2. 집이 지저분해요..	방 친구 때문에 1. 밤늦게까지 전화해서 잠을 잘 수가 없어요. 2. 친구가 청소를 잘 안 해요.

나. 1. 하숙집 아줌마가 불친절하고 집도 지저분해서 이사를 가고 싶어해요.

2. 기숙사가 깨끗하고 시설도 좋긴 하지만 방 친구가 매일 밤늦게까지 전화를 하고 청소도 잘 안 해서 힘들대요.
3. 원룸을 하나 구해서 같이 살자고 제안했어요.
4. 소영 씨가 한국 음식도 만들어 주고, 영어와 한국어도 연습할 수 있으니까 좋아요.
5. 인터넷으로 찾으면 돈을 안 내도 되니까요.
6. 두 사람이 성격이 잘 맞지 않는 것 같으니까 같이 살면 힘들 것 같아요.

다. 1. 옮기려고
   2. 불친절해
   3. 지저분한

읽고 말하기

가. 기숙사 1, 3
   하숙집 1, 2
   원룸 2, 3

나. 1. 시설도 좋고 가격도 싸서 좋아요.
   2. 추첨에서 떨어져서 들어갈 수 없었어요.
   3. 한국 문화를 빨리 배울 수 있어서 좋아요.
   4. 아침에 일어나는 시간이 비슷하니까 화장실을 사용하려면 기다려야 하는 것이 불편했어요.
   5. 원룸은 30~40㎡정도의 작은 방인데 거실과 부엌이 같이 있어요.
   6. 원룸은 관리비와 전기 요금, 가스 요금 등을 따로 내야해서 비싸긴 하지만 공동생활을 하지 않아도 되니까 좋아요.

 **4 초대와 방문**

말하기

문법 I -을 테니까
1. 살 테니까
2. 부를 테니까
3. 찍을 테니까
4. 만들 테니까
5. 들을 테니까

문법 II -으면서
1. 커피를 마셔요
2. 닦으면서 노래를 불러요

3. 음식을 만들면서 전화해요
4. 음악을 들으면서 공부해요

듣고 말하기

가. 1. 미나
   2. 한스
   3. 한스
   4. 미나
   5. 한스
   6. 미나

나. 1. 한국 친구 집에 가서 한국 음식도 먹고 한국 문화도 배우고 윷놀이도 했어요.
   2. 고향에 가는 사람들이 많아서 교통이 복잡했어요.
   3. 세뱃돈을 주셨어요.
   4. 장가가라고 하셨어요.
   5. 좋은 사람 만나서 꼭 시집가라고 하셨어요.
   6. 떡국을 먹으면 나이가 많아지니까 떡국을 안 먹었어요.

다. 1. 세배
   2. 장가가라
   3. 시집가라

읽고 말하기

가. 결혼식 2-1-3
   장례식 1-3-2

나. 1. 남자는 보통 양복을 입고 여자는 치마나 바지 정장을 입는데 검은색이나 흰색은 입지 않는 것이 좋아요.
   2. 신랑과 신부 부모님 그리고 신랑에게 축하 인사를 해요. 대기실에 있는 신부하고 사진을 찍기도 해요.
   3. 사진을 찍은 후에 피로연장에 가서 식사를 해요.
   4. 화장을 진하게 하거나 액세서리를 하면 안 돼요.
   5. 영정 앞에서 향을 피우거나 흰색 꽃을 놓은 후에 영정 앞에서 절을 해요. 그 다음에 가족에게 인사를 하고 위로해요.
   6. 조의금을 내고 가족들이 안내하는 곳으로 가서 음식을 먹으면서 돌아가신 분에 대한 추억을 이야기해요. 그리고 서로 안부도 물어요.

⑤ 외모와 성격

말하기

문법 I –다
1. 아프다
2. 잔다
3. 만든다
4. 공부했다
5. 피곤하겠다

문법 II –아/어 보니까
1. 가 보니까
2. 입어 보니까
3. 만들어 보니까
4. 먹어 보니까
5. 살아 보니까

듣고 말하기

가. 키가 크다, 머리가 길다 – 오빠 – 말이 많다, 활발하다, 재미있다, 외모에 신경을 쓴다
안경을 끼다, 머리가 짧다 – 남자 친구 – 점잖다, 이해심이 많다, 대화가 잘 통한다

나. 1. 가은이 오빠는 키가 크고 머리가 긴데 가은이 남자 친구는 안경을 끼고 머리가 짧아요.
2. 첫인상이 좋고, 만나 보니까 조용하고 점잖은 편이라서 좋대요. 그리고 이해심도 많고 대화도 잘 통해서 좋대요.
3. 활발하고 유머 감각이 있고 잘생기고 멋있는 남자를 좋아한대요.
4. 오빠는 말이 많은데 남자 친구는 조용하고 점잖고 이해심이 많아요.
5. 소영이를 오빠에게 소개해 주려고 전화를 했어요.

다. 1. 첫인상
2. 점잖은
3. 유머 감각

읽고 말하기

가. 미나 – 남자 친구를 선택할 때 여러 가지를 생각한다 – 눈이 높다
가은 – 다른 사람의 비밀을 잘 지킨다 – 입이 무겁다
진호 – 사교적이라서 알고 있는 사람이 많다 – 발이 넓다

나. 1. 미나 씨는 성격이 밝고 이야기도 재미있게 하고 키도 크고 날씬해.
2. 착하고 능력이 있고 유머 감각이 있고 키가 크고 체격이 좋지만 뚱뚱하지 않은, 그리고 노래도 잘 부르는 남자를 좋아한대.
3. 소영이는 활발하고 말을 많이 하는 편인데 가은이는 조용하고 생각을 깊게 하는 편이야.
4. 가은이는 내 이야기를 잘 들어 주고 비밀이라고 하면 다른 사람들한테 절대 이야기를 하지 않아. 그래서 가은이에게 항상 고민을 얘기해.
5. 진호 씨는 적극적이고 활동적이고 사교적이야.
6. 다양한 사람들을 많이 알고 있어서 발이 넓다고 했어.

⑥ 문제

말하기

문법 I –기 때문에
1. 1) 태풍
2) 시험
3) 감기
4) 오토바이

2. 1) 축제 기간이
2) 야채가 비싸
3) 매운 음식을 못 먹
4) 늦게 잤

문법 II –았/었으면 좋겠다
1. 동생이 있었으면 좋겠어요
2. 쌌으면 좋겠어요
3. 잘 쳤으면 좋겠어요
4. 따뜻했으면 좋겠어요
5. 조용한 주택가에서 살았으면 좋겠어요

문법 III –던데요
1. 짜던데요
2. 작던데요
3. 하던데요
4. 부르던데요
5. 먹던데요

듣고 말하기

가. 5-3-1-4-2-6

나. 1. 컴퓨터가 안 켜져요.
2. 컴퓨터 플러그를 확인하고 파워 버튼을 오랫동안 눌러 보라고 했어요.
3. 주소와 연락 가능한 번호를 물어봤어요.
4. 내일 아침까지 준비해야 하는 서류가 저장되어 있기 때문이에요.
5. 집에서 가까운 서비스 센터에 직접 가야 해요.
6. 일을 해야 하니까 택시를 타고 서비스 센터에 갈 것 같아요.

다. 1. 켜져요
2. 꽂았어요
3. 눌러

읽고 말하기

가. 신라 전자 2
서울 백화점 1
민속 박물관 2

나. 1. 실수로 휴대 전화를 물에 빠뜨렸기 때문에 고장 났어요.
2. 근처에 A/S 센터가 없어서 오고 가는 시간과 기다리는 시간이 너무 많이 걸려서 불편하다고 생각했어요.
3. 포장되어 있는 야채의 양이 너무 많아서 야채를 살 때 곤란하다고 했어요.
4. 적은 양도 포장해서 팔았으면 좋겠다고 했어요.
5. 문크바이르 씨는 한국에 온 지 1년 된 몽골 사람인데 한국 역사를 전공하고 있어요.
6. 여러 나라 말로 된 안내서가 있었으면 좋겠다고 생각해요.

7 일

말하기

문법 I -다면서요?
1. 바쁘다면서요
2. 아프다면서요
3. 운동한다면서요
4. 먹는다면서요
5. 이사했다면서요

문법 II -을 텐데 걱정이다
1. 잘 적응해야 할 텐데 걱정이에요

2. 구해야 할 텐데 걱정이에요
3. 나아야 할 텐데 걱정이에요
4. 비쌀 텐데 걱정이에요
5. 늦을 텐데 걱정이에요

듣고 말하기

가. 1. X
2. X
3. O
4. X
5. O

나. 1. 렌핑 씨는 무역회사에서 인턴사원으로 일했고 가은 씨는 방학 동안 동남아로 여행을 갔다 왔어요.
2. 마케팅 부서에서 중국에서 오는 주문을 받고 물건을 보내는 일을 했어요.
3. 일도 배우고 사회 경험도 쌓을 수 있어서 좋으니까 해 보라고 했어요.
4. 학점도 좋고 외국어도 잘 하는 사람을 채용해요.
5. 인턴사원으로 일할 때 일을 열심히 잘하면 정식 사원으로 채용될 수도 있기 때문이에요.

다. 1. 뽑으니까
2. 신경 써서
3. 게다가
4. 경쟁률

읽고 말하기

가. 1, 3

나. 1. 호텔을 바꾸면 여행 중에 택시를 많이 타게 돼서 불편하고 돈이 더 많이 들기 때문입니다.
2. 여행 상품을 기획하기 위해서 동유럽에 갑니다.
3. 은행을 그만둔 후 6개월 동안 유럽을 돌아다니면서 여행과 관계된 일을 하고 싶다고 생각했습니다. 한국에 돌아와서 여행사에 취직했고 재작년부터 여행 상품 기획가로 일하고 있습니다.
4. 고객의 연령, 성별, 직업, 여행 목적에 맞는 여행지를 선택하고 일정과 호텔, 식당 등을 추천하는 일을 합니다.
5. 보통 여행사에서 2~3년쯤 일반 업무를 하면서 경험을 쌓아야 합니다. 또 여행도 좋아해야 하고 외국어도 할 줄 알아야 하고 서비스 정신도 있어야 합니다.
6. 주 5일제 근무가 시작되면서 여행에 대한 관심이 커지고 있기 때문입니다.

8 공공 생활

말하기

문법 I −은/는데 ②
1. 있는데
2. 결석하는데
3. 좋은데
4. 부족한데
5. 가는데

문법 II −을
1. 배울
2. 할
3. 가져갈
4. 읽을
5. 도울

듣고 말하기

모의 한국어 능력 시험 3급(듣기)
1. 1) ㉡ 기차
   2) ㉢ 버스
   3) ㉠ 지하철
2. ③
3. ②
4. ①
5. ③

가. 1. 선착순
   2. 태어난
   3. 산책로

읽고 말하기

모의 한국어 능력 시험(읽기)
1. ④
2. ②
3. ③
4. ④
5. ②

CD 트랙 목차

번호	단원	내용		페이지
1		저작권		
2	1과	말하기	대화1	20
3			대화2	21
4			과제	23
5		듣기	대화	152
6			다. 빈칸 채우기	26
7			라. 듣고 따라하기	26
8		읽기	본문	27
9		발음		31
10	2과	말하기	대화1	38
11			대화2	39
12			과제	41
13		듣기	대화	152
14			다. 빈칸 채우기	44
15			라. 듣고 따라하기	44
16		읽기	본문	46
17		발음		49
18	3과	말하기	대화1	54
19			대화2	55
20			과제	57
21		듣기	대화	153
22			다. 빈칸 채우기	60
23			라. 듣고 따라하기	60
24		발음		65
25	4과	말하기	대화1	70
26			대화2	71
27			과제	72
28		듣기	대화	153
29			다. 빈칸 채우기	76
30			라. 듣고 따라하기	76
31		발음		81

번호	단원	내용		페이지
32	5과	말하기	대화1	86
33			대화2	88
34			과제	89
35		듣기	대화	154
36			다. 빈칸 채우기	92
37			라. 듣고 따라하기	92
38		읽고 말하기		94
39		발음		97
40	6과	말하기	대화1	104
41			대화2	105
42			과제	107
43		듣기	대화	154
44			다. 빈칸 채우기	110
45			라. 듣고 따라하기	110
46		읽고 말하기		112
47		발음		115
48	7과	말하기	대화1	120
49			대화2	121
50			과제	123
51		듣기	대화	155
52			다. 빈칸 채우기	126
53			라. 듣고 따라하기	126
54		발음		131
55	8과	말하기	대화1	136
56			대화2	137
57			대화3	138
58			과제	141
59		듣기	대화	155
60			가. 빈칸 채우기	144
61			나. 듣고 따라하기	144
62		발음		149